こんな理由が
あったんだ！

「気になる子」の理解からはじめる

発達臨床サポートブック

著 綿引清勝
絵 イトウハジメ

学苑社

はじめに

平成十九年から特別支援教育が全面実施となり、特別支援学級や特別支援学校などに限らず、通常の学級においても様々な教育的なニーズに対応していくことが求められています。そのような社会背景の中で、当時は筆者自身も特別支援学校に勤務し、現在は様々な園や学校の巡回相談なども含めて、乳幼児から大学生、社会人まで幅広く発達臨床に関わらせていただいています。

子どもたちや保護者、先生方との出会いの中では、本当に素晴らしい実践がたくさんあります。一方で、ダンピング（障害のある子どもを配慮がないまま障害がない子どもの活動に放り込むこと）と思われるような子どもの実態に応じた関わりができていない現場の問題が、その子の発達や家庭の子育ての問題とすり替えられてしまっているような事例もありました。そういった残念な事例に出会う度に、子どもや家庭に限らず、現場の先生方のサポートもまだまだ足りていないことを感じていたところから、本書の執筆に至りました。

本書は、教育・保育や子育てなど、様々な発達臨床に携わる方々を対象として、幼児期と学齢期の発達課題をそれぞれ8つの気になる子のエピソードに落とし込むことで、発達の理解と支援について解説することを試みました。また、教育・保育場面における気になる子に対する具体的なイメージやその困難さ、幼児期から学齢期の発達のつながりを読者と共有するためのアプローチとして、気になる子の子育てに関する当事者インタビューを行い、その内容を読み切り漫画に取り入れました。

各エピソードでは、あくまでも表出している子どもの気になる姿の要因や背景にフォーカスすることで、○○障害という言葉や用語を極力使わないようにしています。理由は、○○障害と子どもにラベリング（先入観から人格や環境などを決めつけてしまうこと）やカテゴライズ（似たような問題を同一化してしまい、個別性に注意が向かなくなってしまうこと）をしてしまうことで、その障害に対する画一的な見方や捉え方を防ぎたいと考えたからです。その点で本書は、特定の障害に対するHow to ではなく、様々なつまずきの要因が一人ひとり異なることを前提としたケース・スタディ方式を採用しているため、単一の答えを期待する読者には物足りないかもしれません。しかしながら、子どもは一人ひとり違ったかけがえのない唯一無二の存在です。「目の前にいるその子を伸ばしたい」「この子が楽しそうに活動している姿や笑顔が見たい」といった思いは、発達臨床や子育ての中で、誰もが抱くことでしょう。それを16のエピソードで語るには限界もありますが、教育・保育現場の多様な教育的ニーズに対して、眼前の子どもの発達と向き合い、子ども自身から学ぶことを通して、実践のヒントがお伝えできれば幸いです。

綿引　清勝

目次

PartⅡ　学齢期の気になる子どもたち

Part Ⅰ

幼児期の気になる子どもたち

エピソード1

一人遊びが多い子

4歳のあーちゃんは、いつも一人遊びばかりで、集団の中に入ろうとしません。担任が促しても、友達と関わる様子が見られないため、他の子どもたちが砂場や教室で友達と楽しそうに遊んでいるのを見ていると、少し心配になりました。

ある日、あーちゃんの保護者から「うちの子はなぜ、みんなと一緒に遊べないのでしょうか？」と相談を受けました。そのことをきっかけに、思い切って友達と一緒に遊ばせようとしたところ、大泣きをして嫌がってしまい、遊ぶことができませんでした。

それからは、無理に遊ばせようとしても本人のためにならないと思い、一人で遊んでいても見守るようにしていました。ところが、先輩の先生から「今度は年長さんになるのだから、もっと集団で活動させた方がよい」と指摘され、困ってしまいました。

1 一人遊びが多い背景

子どもがうまく遊べない理由として、例えばボディ・イメージが育っていないと身体の使い方がぎこちなく、運動遊びなどで思うように楽しむことができません。ボディ・イメージが育っていない子の中には、注視して動いているモノを捉えることが苦手な子も多いので、ボール遊びなども失敗が重なります。こういった子は、一人遊びや大人との関わりでは楽しく遊べても、友達との関わりだと失敗を避けるため消極的になることがあります。また、積み木を崩してしまったり、制作物が思うように作れなかったりと、友達との遊びのペースについていくことができず、結果として遊びに誘ってもらえないという可能性も出てきます。エピソード3「力加減が難しい子」でも触れますが、不器用さに対する配慮が必要になるといえるでしょう。

ルールの理解が難しい場合にも、集団に入らなかったり、自分勝手に見える行動をとっていたりするような場合があります。また、言葉の指示を理解する力が育っていないと説明そのものがわからないため、本人なりに一生懸命頑張って周囲と合わせようとしても、結果として失敗につながるリスクがあります。このような場合は、説明の仕方や教材などを修正し、子どもを無理に変えようとするのではなく、弱い部分をサポートする必要が出てきます。

他にもエピソード2以降で解説していく触覚や聴覚など、様々な感覚に過敏や鈍磨がある子や注意の持続が難しい子も、他者への関心が向きづらく遊びが広がりづらい傾向があります。心理的な反応よりも生理的な反応から遊びが広がりづらい子の場合は、療育的なアプローチが有効なケースもあるので、状況によっては療育機関のサポートを受けることを選択肢として検討してもよいでしょう。

子どもを取り巻く環境には、場や教材・教具といった「物的環境」、友達や家族、保育者などの「人的環境」、自然や草木などの「自然環境」、地域の暮らしなどの「社会環境」に加え、園や学校生活のルール、教育・保育目標や教育課程など、多義的な意味が含まれます。何らかの発達の停滞や不適応が生じている場合、子どもの発達的なニーズに寄り添っていく上では、これらの「環境」を見直しながら個や集団の特性に応じて再構成していくことが必要になります。

2 一人遊びが多い子の支援

遊びとは、子どもにとっては、日常生活の一つであり、子どもにとって欠かせないものです。幼児期の子どもたちは、遊びを通して様々なことを経験し、学んでいくと考えられています。遊びは、子どもの年齢などによって、本人や子ども同士の関わり方、内容などは異なります。そこで、遊びの内容と人との関わり方から発達的な視点を整理していきます。

遊びの内容は、「感覚遊び・運動遊び」「機能遊び」「象徴遊び」「ルール遊び」と段階を経て発展していきます（表1－1）。赤ちゃんの頃は、本人の感覚や運動に関する遊びから始まり、少しずつ自分以外の外の世界へ興味・関心が広がることで、自分が見たことや経験したことを表現し、次第に想像力を働かせて実物以外のモノも見立てることができるようになっていきます。さらに、相手の気持ちや行動を予測したり、遊びに加わるために自分の感情をコントロールしたりする力も身につくことで、ルールを理解し、折り合いをつけ、ルールに沿った遊びが展開されていくようになります。

次に、人との関わりという視点から子どもの遊びを見ていきます。人との関わり方では、「一人遊び」「傍観遊び」「並行遊び」「連合遊び」「共同遊び」という流れで発展していきます（表1－2）。「一人遊び」では、自分以外の外の世界へ興味・関心が向いていないため、大人が強引

表1－1　遊びの内容と様子について

遊びの段階	遊びの様子
感覚遊び	赤ちゃんは、直接おもちゃを触って、見て、また触ってということを繰り返す。この段階では、様々な感覚への刺激を楽しんでおり、視覚や聴覚などの感覚器が育っていく。
運動遊び	走ったり、跳んだりと身体活動を介して、筋肉や骨が成長し、様々な身体の使い方を学んでいく。
機能遊び	身近なものへの興味関心の広がりから、それらを使った遊びが始まる。この段階では仕組みや特徴を理解し、用途に応じた使い方ができるようになる。また、見る力も育ってくるので、モデルを参考に模倣もできるようになってくる。
象徴遊び	用途や特徴が理解できるようになると、見立ての力が育ってくる。この段階になると、想像力が育ち、ままごとのような実物以外の物を使った遊びができるようになる。
ルール遊び	象徴遊びが広がると、一定のルールに応じて複数の子どもと一緒に遊ぶようになる。この段階は、ルールの理解に加えて、相手に応じる力や自己統制などの力も育ってくる。

徳田克己監修　西館有沙・澤江幸則編著『気になる子の保育のための運動あそび・感覚あそびーその具体的な指導法』チャイルド本社，pp14-15，2013年を基に筆者作成

に関わっても遊びは発展していきません。「傍観遊び」の段階になると、自分以外に外の世界に興味・関心が広がってきているので、遊びが発展しやすくなってきます。「並行遊び」の段階になると、直接的な子ども同士の干渉はなくとも、他者への意識が高まってきていることから、大人がうまく関わることで、並行遊びから連合遊びへと発展していきます。「連合遊び」では、子ども同士のモノの貸し借りなどの関わりが出てきますが、場やモノは共有していても遊び自体は個々に好きな遊びをしている段階です。「共同遊び」になると、ルールや役割が遊びの中に出てくるため、集団に入れることよりも、集団の中で何を学ぶかが重要です。

表１－２　遊びの形態と関わり方について

形態	内容
何もしない	遊ばずにその場で留まっているか、ぶらぶらしている。周囲の遊びに対しての興味や関心は感じられない。
一人遊び	一人で遊んでおり、他の子どもの遊びには関わろうとしない。この時期に大人が関わっても、遊びの発展は難しい。一人遊びは、年齢が上がって遊びの形態が進んでも発生する。
傍観遊び	他児の遊びを見て質問したり、口を出したりするが、直接的に加わらない。遊びについての会話を交わすこともあり、外界への興味や関心が育ってきているサインでもある。
並行遊び	他の子どもと一緒に遊んでいるように見えるが、実際には直接的な関わりはなく、それぞれの遊びに干渉することがない状態のこと。
連合遊び	遊びを共有しながら、道具の貸し借りなどの子ども同士のやりとりが発生してくる。この段階では、ままごと遊びでも役割を介した関わりではなく、個々が自分の好きな遊びをしている状態である。
共同遊び	この段階になると遊びは組織化され、役割分担が発生する。また、遊びの仲間という意識も育ち、リーダーも出てくる。ままごと遊びを例に挙げると、父母子どもなどの役割から、--つの家族を再現するといった、一定のルールのもとで子ども同士が協力し合う関わりが出てくる。

徳田克己監修　西館有沙・澤江幸則編著『気になる子の保育のための運動あそび・感覚あそびーその具体的な指導法』チャイルド本社，pp16-17，2013 年を基に筆者作成

好きなことがあるって
幸せなことだと
思うんだよね

エピソード 2

触られることを嫌がる子

4歳のしょうちゃんは、園で帽子をかぶらせようとすると嫌がってすぐに脱いでしまいます。運動会で一人だけ帽子をかぶっていないのは目立つことから、担任もなんとかしようと試行錯誤しながらチャレンジしましたが、何度かぶせても最後は怒り出してしまいダメでした。

情緒も崩れやすく、特に集団での活動では近くにいる友達に対して泣きながら噛み付いたり、髪の毛を引っ張ったりとトラブルが発生します。その度に、ダメなことを何度も言い聞かせようとしましたが改善は見られませんでした。

どうやら色々と過敏なところがあるようで、帽子以外にも抱っこをしたり、手をつないだりする場面では逃げようとします。また、製作活動の際には、のりを直接触ることをとても嫌がります。一方で、自分からはベタベタと近い距離で甘えてくることも多く、担任も困惑してどう関わってよいのかがわからなくなってしまいました。

1 触られることを嫌がる背景

今回のエピソードのように、「帽子をかぶることを嫌がる」「抱っこされることを嫌がる」といった拒否の反応を示す背景には、「触覚」の過敏さといった感覚調整の問題が隠れていることがあります。「触覚」とは、五感といわれる諸感覚一つで、皮膚からの「触る感覚」や「触られる感覚」といった刺激を受け取っています。触覚には接触した刺激以外にも圧力や触感、温度、痛みなどの様々な刺激に対して、安全か危険かを識別し防衛する働き、肌と肌の触れ合いや心地よさから情緒を安定させる働きに加え、触れられることで驚き、目が覚めるといった情動や覚醒にも影響を与えます。また、皮膚は自分と外の世界との境界であることから皮膚で感じる触覚を通して、自分の身体の輪郭を感じ取る働きがあります。触覚を介した代表的なコミュニケーションとして、スキンシップがあげられます。例えば、赤ちゃんは抱っこを介して得られるスキンシップの刺激から、相手を「安心できる人（安全基地）」と認識し、アタッチメント（愛着）が形成されていきます。よって、触覚は他者との関係を深める機能を有しており、子どもの社会性の発達にも大きく影響します。

触られることが嫌というのは、単純に相手に対する嫌悪感や不信感などの心理的な要因に目が向きがちですが、触覚の刺激に対する防衛的な反応として、生理的な要因からくる強い拒否や回避的な行動が生じることがあります。例えば、触覚が過敏な場合は「自分からは人に触れようとするが、触れられるのを嫌がる」「頭や手足を触られるとびくっとする」「帽子やマスク、靴下などを嫌がる」「爪や髪の毛を切ることを嫌がる」「衣服へのこだわりが強い」などの反応があります。

また、鈍麻な場合は「何かにぶつかっても痛がらない」「腕を噛むなどの自傷行為をする」「手に入れたものをすぐに口に入れる」「食べ物をよく噛まずに飲み込む」「他者との距離感がつかめず近すぎる」などの反応があります。よって、触覚の発達については、過敏や鈍麻の問題も含めて、様々なつまずきのサインであると考えることができます。

園や学校では社会的な集団の中で生活する必要が出てくるため、触覚の問題は、どうしても対人的な関わりの中で気になる場面が発生しやすくなります。感覚過敏の当事者の声として、自閉スペクトラム症のケネス・ホール氏は、「絶対に嫌なのは、掃除機とミキサー、それとたくさんのしゃべり声」と聴覚的な刺激に対する困難さに加え、「僕は髪の毛に敏感、おでこに髪の毛がかかるのは大嫌い」「変な舌触りのものは食べたくない」と触覚や味覚などに関する諸感覚の困難さを報告しています。精神疾患の診断基準であるＤＳＭ-５（２０１３）では、これまでの自閉スペクトラム症の診断基準に感覚の過敏や鈍麻に関する項目が加わりました。このような診断基準の改定からも読み取れるように、感覚調整の困難さが子どもたちの学習や生活に様々な困難さを引き起こすという理解に加え、その困難さを軽減・克服できるための支援が必要だといえます。

2 触られることが嫌な子の支援

触覚の発達につまずきがあると、どんな困難さが生じるかをもう少し子どもの生活の視点から深く考えてみましょう。私たちは、例えば温度や素材など、様々な刺激に対して危険かどうかを感知し、識別して判断しています。ところが、皮膚からの感覚情報が適切に処理されない場合、その感覚が過敏であれば、触られることで強い痛みを感じたり、場合によっては怒り出すことやその場から逃げ出すといったことが起こるかもしれません。中には、触られることに対する不安や拒否の気持ちから、人が近くにいることを嫌がったり、集団に参加することを拒否したりする子もいます。日常生活では、帽子に限らず、衣服の着脱や洗顔、歯磨き、爪切り、散髪などを嫌がる子も少なくありません。逆に、その感覚が鈍ければ、痛みを感じずに大きなやけどをしてしまったり、怪我をしても気付かないといったことが起こるかもしれません。実際に筆者が過去に関わった子の中には、ささくれが気になってしまい、それを剥いているうちに手が血だらけになってしまった子がいました。手指を使った事物の操作（例えば、のりや絵の具を触るなど）も嫌がって取り組まない、あるいは、その活動がいつまで経っても止められないといった子もいます。結果として、目と手を協応させることも育ちにくいため、事物の操作や手指の巧緻性の発達にも影響が出てきます。同年齢の子どもよりも不器用さが目立つ子がいますが、こういった子にとっては、制作などの作業が他の子どもよりも難しく、時間がかかったり、混乱したりします。周囲の大人は、活動に対する興味・関心が弱いと受け取ることがありますが、その子にとっては、感覚刺激の不快感や混乱から、その活動の意味や満足感を得られないことが背景にあります。よって、エピソード１「一人遊びが多い子」でも少し触れましたが、触覚の発達につまずきがある子の場合、年齢に応じた活動の広がりにも停滞が見られることがあるため、注意深く観察していく必要が出てきます。

触覚を育てていく際には、刺激に対する防衛反応の注意が必要になります。これは、子どもにとっての嫌な感覚刺激を与えることは、信頼関係の構築に影響を与えるからです。触覚に起因する防衛反応は、我慢すれば直るというものではなく、むしろ状態を悪化させることがあります。そのため、触れられる刺激に対して注意を向ける練習が必要になります。

触覚の発達につまずきがある子たちとの関わり方については、原則として「しっかり触る」ことが大切です。私たちの握手なども一緒ですが、「そっと触る」という刺激は不快な感覚を引き起こし、防衛反応が発生しやすくなります。そのため、しっかりと握られた方が安心感があります。この点を勘違いして腫れ物に触るような触れ方になってしまうと、余計に嫌悪感を強めてしまいます。また、鈍麻な子についても触れている感覚が伝わりづらいということがあるため、指先の点ではなく、手の平の面をしっかりと当てて、適切に刺激を与えていくことが有用です。その際に、いきなり触るのではなく、一言触ることへ注意を向けてから触れるようにしていくことが有用です。

急につかまれると
本当にびっくりするから
先に一言いってもらえ
たら嬉しいな

エピソード3

力加減が難しい子

3歳のゆうちゃんは、様々な場面で動きのぎこちなさが見られます。

物を倒したり、壊したりというのは日常茶飯事で、友達と積み木で遊ぼうとしても、動きが大雑把になってしまい、せっかく高く積み上げても、ゆうちゃんが崩してしまいます。

周りの友達も、担任から諭されて受け入れてはいますが、少しずつゆうちゃんに対する不満も溜まり始め、遊びの場面では声をかけて誘うことも減ってきてしまいました。

ゆうちゃんも遊びに誘ってもらうことが減ってきたのは感じているようで、どこか寂しそうにしています。友達と上手に遊べないことは本人も気にしているようで、段々と一人遊びの時間が増えてきていることから、担任もこのままではいけないと思いつつ、どうすれば力加減や道具の使い方がうまくできるのか、方法が見つけられずに困っています。

1 力加減が難しい背景

運動は大きく粗大運動（寝返り、走る、跳ぶなどの全身を使った動き）と微細運動（手指を使った細かい動き）に分けられますが、いずれにおいても力加減の難しさはいわゆる「不器用さ」の問題として表出してくることがあります。その背景を考えていくと、用具を使った運動遊びや制作活動における手指の動きなど、学習や生活の様々な場面に影響を与える発達的な要素の一つに、固有受容感覚の問題があげられます。

「固有受容感覚」とは、自分の頭や身体の位置や動き、力の入れ具合を感じる感覚で、手に持った物の重さを感じることや関節の曲げ伸ばしを適切に調整するなど、力加減を含めた運動をコントロールするための機能に大きく関わります。重力に抗しながら姿勢を保つことで、手を使った活動を効率的に持続させる働きも有しているため、事物の操作や動作の模倣などを安定して行うためには必須の感覚といえます。

例えば、「手を上に伸ばす」という動きに対して、真上ではなく斜め上に伸ばす子など、一人ひとりに違いがあります。これは、固有受容感覚により、筋肉の曲げ伸ばしや関節の角度などを調整する機能が影響しています。階段の段差に対する足の踏み込みや重い物を持ち上げる際の力の入れ具合など も同様で、固有受容感覚は、体を動かす際のアクセルとブレーキの役割をもっています。では、このアクセルやブレーキに遊びがなければどうなるのかをイメージしてみましょう。おそらくは、一つひとつの動きが急発進、急停車になることが想像できます。これが、固有受容感覚の発達につまずきがある子の困難さであり、「そーっと」や「ゆっくり」といった動きが難しい理由になります。

ゆうちゃんのような子の場合、「大雑把な性格」「動きが雑」といった運動面のつまずきが、本人の性格や気質の問題に置き換えられてしまうことがあります。しかしながら、本人にしてみれば丁寧に身体を操作したいにも関わらず、それができないという困難さがあるため、麻痺や不随意運動の困難さとは違った大変さがあることを周囲は理解していく必要があります。また、触覚やエピソード4「じっとしているのが難しい子」で後述する前庭感覚とも密接に関係しており、例えば緊張しているときに拳を強く握ったり、歯を強く噛んだりと、固有受容感覚を活用することは、情緒の安定にも関連しています。さらに、触覚とともに自分の身体の気づきにもつながることから、ボディ・イメージの形成にも大きな影響を与えます。これは、自分の身体の大きさや輪郭、動かし方などの実感から、触覚、固有受容感覚、前庭感覚などの発達初期の感覚が統合されることで、ボディ・イメージが形成されていくからです。ボディ・イメージが曖昧だと、自分の身体の実感が弱く、手足を動かすといった運動を企画する力も育っていきません。逆に、ボディ・イメージが育つことで身体の輪郭がわかるようになり、身体の動かし方もより随意的で効率的な方法を選択できるようになっていきます。

2 力加減が苦手な子の支援

力加減ができるようになるための支援の一つに、「力加減のチャンネルをつくる」という方法があります。前述したように固有受容感覚の未発達は、運動をコントロールするためのアクセルとブレーキに遊びがないため、うまく使えていない状態です。そのため、力加減を言葉で表現する際には、注意が必要です。例えば、「もっと強く」「もう少し優しく」といった本人の身体感覚に対するフィードバックは、とてもわかりづらい点があります。適切な力加減で運動を調整する能力をグレーディング能力といいますが、力加減が苦手な子にとっては「これぐらいが1キログラムの力」という出力にズレが生じます。そこで、「これが○○の力だよ」と運動のパフォーマンスに対してどの程度の力加減になっているのかを具体的にフィードバックする必要があります。

また、固有受容感覚をしっかりと働かせる経験を積み上げていくことが重要になります。例えば、積み木を積み上げることが苦手であれば、もっと大きくてしっかりと重さがあるものを用いて、重さや材質など触覚や固有受容感覚に直接的なフィードバックを与えながら、具体物を操作するアプローチが効果的です。このような力加減のチャンネルをつくるような本人の課題と正対したトップダウン型のアプローチと固有受容感覚自体を育てるボトムアップ型のアプローチを組み合わせていくことで、時間がかかることはありますが改善は期待できます。

私たちは「五感」と呼ばれる感覚を使いながら生活しています。これら五つの感覚は、生活の中でも意識しやすい感覚ですが、「固有受容感覚」は無意識的な感覚であることから、日常生活では意識しづらい側面があります。後述する前庭感覚や触覚における情緒の安定なども無意識的な感覚になりますが、五感に固有受容感覚と前庭感覚という二つの発達初期に育つ感覚を合わせた幼児期の発達の積み上げは、学齢期以降の適応にも大きな影響を与えます。

幼児期は、触覚を有意に働かせた直接的な「触れる・感じる世界」のステージだといえます。このステージを経て、間接的な「見る・聞く世界」へと発達のステージは進んでいき、学齢期には抽象的な思考が可能になる「考える世界」へとステージアップしていきます。幼児期の「触れる・感じる世界」での発達課題は、母子関係の構築や接触の心地よさに加え、定頸や寝返りなどの姿勢のコントロールなどから始まります。次に自分の身体に対する意識が育つことで、慣れない運動を組み立てることや利き手と非利き手も分化してきます。利き手の確立は右脳と左脳の役割分担も明確になってくるため、言語の発達も急速に伸びてきます。姿勢が安定すると、事物の操作はより目的的になり、視知覚の育ちとともに、目と手の協応が安定してきます。さらには、聴覚と視覚が統合されることで触ったもの、見たもの、聞いたものなどの様々な感覚情報を理解し、識別することで思考や事物を想起する表象機能が育っていきます。このような感覚と運動の高次化の過程は「感覚統合」と呼ばれ、様々な感覚情報を活用するために組織化され、学習や日常生活における適応力が育っていきます。この適応力が就学へ向けた幼児期の終わりまでに育てておきたい発達的な要素になります。

「そーっと」って
どんな感じ
なのかな・・・

エピソード4

じっとしているのが難しい子

5歳児のぜんちゃんは、頭を前後に振ったり、急にグルグル回ったりと、一見するとおどけているような動きが気になります。

あるとき、読み聞かせの場面でも頭を振っているので担任は注意をしましたが、一向に改善は見られませんでした。他の友達が気になってしまうため、活動中に頭を振らない約束を確認すると、その点は理解ができているようでした。

心配になった担任は、家庭での様子を保護者に確認すると、家の中でもよくあることらしいのですが、ふざけているだけだと思い、気にしたことはないとの話でした。色々と生育歴から掘り下げて聞き取りをすると、赤ちゃんの頃はぐずることが多く、その場合は、抱っこして揺らしてあげるとすぐ落ち着いたとのことでした。

最近では、順番を守れずに友達から注意を受けると、すぐに手が出てしまうトラブルも増えてきました。一つのことに集中しているときはとても落ち着いているのですが、どうしても集団の活動になると目立ってきます。

1　じっとしているのが難しい背景

園や学校の子どもたちを観察していると、身体を揺らしたり、回ったりと「落ち着きがない」状態の子どもに出会うことがあります。子どもが落ち着かない背景には、飽きてしまっている、覚醒が落ちている、何か強い刺激がある、全く刺激がないなど、多岐にわたります。しかしながら、もしかするとそのような子どもたちは、前庭感覚の発達の影響を受けている可能性があるかもしれません。

赤ちゃんは、おおよそ2か月頃になるとうつ伏せにしたときに、少し顎《あご》をあげる仕草を見せるようになります。抱っこをすると少しの間なら頭の位置を保てるようになり、段々と姿勢も安定してきます。生後3か月頃になると約5割、生後4か月頃になると約9割の赤ちゃんの首がすわります。ここで重要となるのは、定頸《ていけい》するための要素として、単に首や体幹の筋力が向上するということだけではなく、重力に対して自分の頭や身体の位置の傾き、揺れなどを感じとる必要があります。そして、このような子どもの発達の様相には、前庭感覚と呼ばれる機能が大きく影響しています。

「前庭感覚」とは、重力に対して自分の身体の傾きやスピード、回転を感じる感覚で、脳のほぼ全ての領域と関連しています。様々な感覚情報を調整する重要な役割に加え、重力を感じて、自分の身体の傾きを感じ、バランスをとる役割（平衡反応）、姿勢を保つ働き（姿勢反応）、安定した視野を維持する役割（眼球運動の促通《そくつう》）、脳を覚醒させる働きなどがあります。また、固有受容感覚や視覚など連結することが空間を把握する力にもつながるため、視知覚の発達は、文字や記号の理解といった学習に限らず、対人的な距離感の形成にも影響します。このような発達課題は、情動とも深く関わり、前庭感覚の発達は、情緒的な安定にもつながっていきます。

人間の耳は、大きく外耳、中耳、内耳の三つに分けられます。「内耳」の中には「迷路」と呼ばれる骨でできた複雑な構造があり、この迷路の中には、音を聞いて理解する機能と二種類の前庭刺激を受け取る規管（耳石器《じせき》と三半規管）があります。

耳石器は、重力に反応する規管です。重力は地球に絶えず存在するため、この耳石器と呼ばれる重力の受容器は、生涯を通じて脳に重力に関する信号を送り続けます。例えば、頭が傾いたり、体が前後に揺れたりと、重力に対して自分の頭の位置を感じ取り、適正な位置に戻そうとする動きにもつながります。

もう一つは、左右の内耳ある三対の半規管です。これら三半規管は、上下、左右、前後を把握する機能をもっており、頭部の加速や減速といった動きの刺激を入力します。本エピソードのぜんちゃんが頭を揺らす動きやクルクル回る動きというには、この前庭感覚の鈍麻の問題から刺激を欲しての行動だと考えることができるでしょう。

2 じっとしていることが難しい子の支援

前庭感覚が鈍麻な子は、ブランコや滑り台あるいは高いところから飛び降りるなどの重力や加速度を感じる遊びを好む傾向があります。一方で、前庭感覚が過敏な子は、逆に不安や嫌悪を示し、場合によっては自律神経系の反応からめまいや嘔吐など、体調を崩してしまうことがあります。前庭感覚の発達のつまずきは、乳児の早い段階から首のすわりが遅い、抱っこしてもしがみつきが出てこないなど、様々なサインが考えられます。子どもの安全という面で乳幼児期の脳はまだ成熟していないことから、成人と比べるとダメージを受けやすく、過剰な揺らし遊びは危険を伴います。しかしながら、前庭感覚への刺激は脳の栄養でもあるので、全く刺激を与えないということも推奨はできません。

前庭感覚の発達を促すためには、子どもによって刺激に対する受け取り方は違ってくるため、その子の反応を確認しながら、しっかりと刺激を受け取ることができるようにしていく必要があります。学齢期に入っても多動や姿勢の崩れなど、前庭感覚の発達に関連する課題を引きずっていると思われる子もいるため、できるだけ早い段階での介入が有用です。具体的には、過敏な子の場合、無理強いは余計に重力や加速に対する不安を強めてしまう危険性があるため、スモールステップから転倒などの安全面も含めて環境や活動を構成する必要があります。逆に鈍麻の傾向がある場合は、感覚刺激に対する欲求が十分に充足されるよう、活動量を確保する必要があります。

ブランコや滑り台などは、他の子との兼ね合いも出てくるため、順番や待ち時間などは言って聞かせるだけでは効果がないことも多いことから、タイマーやスケジュール表などで可視化し、「いつまで待てばできるか」という見通しから期待感をもたせていくことで、結果として待つ力も育っていきます。

ここまで前庭感覚の未発達という視点から子どもの多動性や衝動性に関する理解と支援を整理してきましたが、それ以外の問題として学齢期編のエピソード13「期限や約束が守れない子」の中で解説している実行機能や報酬系という脳機能の問題に目を向けることも重要です。例えば「待つ」という行為は内言語の発達に加えて、見通しや時間処理の力にも大きな影響を受けます。衝動性や多動性が強いタイプの子はこれらの機能が弱いことが多く、言って聞かせるのではなく、前述したようなタイマーなどの視覚支援を用いることで脳機能の弱さを補う手立てが必要です。よって、「じっとしているのが難しい子」といっても子どもの状態像を画一的に捉えてラベルを貼ってしまうのではなく、その背景に応じた支援や関わり方が求められます。テーマパークを例に挙げると、「待つ」という行為に対してアトラクションという強力なご褒美（動機づけ）があり、その報酬が得られるまでの見通しは「あと〇〇分待ち」と具体的に可視化されています。これは、本人の自己選択・自己決定も含めていることに加えて、待つことの成功体験が保障されているといえるでしょう。「どうすれば子どもが待てるようになりますか」という相談をいただくことも多いのですが、ペナルティなどで従わせるという発想ではなく、感覚欲求を十分に充足することに加え、期待感と待つことの成功体験を積み上げていくことが、結果として子どもの落ち着いた生活につながっていきます。

「あと少し」って
どれくらい待てば
いいのか
わからないよ

エピソード5

偏食が強い子

5歳のきよちゃんは、偏食が強くて野菜はきゅうりしか食べません。飲み物にもこだわりがあり、水や緑茶、炭酸は絶対に飲まず、麦茶には必ず砂糖を入れます。混ぜご飯や豆が入っているお赤飯も食べることができません。魚は、ツナやシャケのフレークのみで、肉類も脂身は全く食べられません。匂いにも敏感で、嫌いな食べ物は口にする前に強く嫌がります。また、場所に関するこだわりもあり、特定のトイレなども嫌がることがありました。

保護者は心配になり、通っている保育所で偏食をどうにかしてほしいと相談をしたことをきっかけに担任も頑張って色々と食べさせてみることになりました。しかし、無理に食べさせようとすると癇癪を起こし、お弁当をひっくり返して、担任に噛みついてしまいます。ついには、保育所に行きたくないと、登園渋りも出てきてしまいました。

1 偏食が強い背景

味覚は、甘味、酸味、苦味、塩味、旨味といった、味を判断する機能として広く認識されていますが、味だけなく、食感や痛み、温度などを感じるセンサーでもあります。一方で、身体に害のあるものを入れないようにする役割があるというのは、あまり深くは認識されていないのかもしれません。偏食は、好き嫌いという心理的な問題だけでなく、後述する嗅覚《きゅうかく》とともに、飲食に対する生理的な防衛反応が背景に考えられるケースがあります。

嗅覚は、味覚と同様に飲食に対して食欲か嫌悪の反応を引き出します。味覚との大きな違いは、味覚が身体に直接触れる近い感覚刺激であることに対して、嗅覚は直接触れずに離れていても感じることができる感覚です。また、嗅覚が他の感覚と大きく違う点として、食欲や情動の表出などに関わる器官へダイレクトに感覚刺激の情報が送られるため、匂いだけで好き嫌いに大きな影響を与えることがあります。辺縁系と呼ばれる脳機能には、海馬といって記憶に関する器官があり、特定の匂いから様々なエピソードを想起するなど、私たちの嗜好に対する記憶や連想とも深く関連します。ゆえに、一度失敗するとそれをきっかけに嫌悪が強く出てしまい、偏食の問題につながることがあります。

このような背景から、良かれと思って色々な食べ物を勧めたとしても、本人にとっては味や匂いといった感覚刺激が嫌悪を想起させる記憶とつながってしまうため、直接口にしなくても、匂いだけで気分が悪くなったり、情緒的な混乱を示したりと、不適応が生じる危険性があります。

偏食の背景には、味覚と嗅覚の刺激に対する情報処理の問題があることを述べてきましたが、好き嫌いといった嗜好の問題というよりは、刺激に対する嫌悪という生理的な反応であるため、無理強いすると余計にその症状を悪化させる危険性があります。筆者自身、小さい頃は偏食が強かったので、食べ物によっては口の中に刺さるような痛みを感じたり、噛むことができずに気分が悪くなったりと、とてもしんどい時期がありました。そこからいえることは、過度な偏食のトレーニングは、食べること自体に楽しみがもてなくなる怖さがあるということです。よって、飲食が苦痛にならないような受け止め方や関わり方が重要です。

2 偏食が強い子の支援

乳幼児期は、身体の発育という視点からも、バランスの良い栄養を摂らせたいと考えることは、当然のことです。ただし、食事というのは単なる栄養摂取のためだけのものではなく、それ自体を楽しめるようにしていくことが、ひいては豊かな生活につながっていきます。その点を考慮すると、無理して食べることがゴールではなく、食べることに楽しみを感じ、様々な食材に関心がもてるようになることが重要だといえます。そのためには、最初から咀嚼《そしゃく》をして飲み込むことを目標とするのではなく、次のようなステップが考えられます。

①食べ物を観察する　②食べ物の匂いを嗅ぐ　③食べ物の味を確かめる
④食べ物を少しだけかじってみる　⑤食べ物を少しだけ口の中に入れて咀嚼する

偏食が強い子にとっては、この五つのプロセスだけでも、自分にとって害のないものだと安心できるためには、他の子どもたちよりも時間がかかることがあります。その点では、ここで焦ったり、急かしたりすると逆効果になるため、のんびりと腰を据えてチャレンジしていく姿勢が大事になります。そうすることで、昨日まではできなかったことがちょっとずつできるようになっていく成功体験を積み重ねていくことができます。

保育の現場から考えると、例えば、保育所保育指針（平成29年告示）の、満1歳以上3歳未満児の領域「健康」の内容には「(4)様々な食品や調理形態に慣れ、ゆったりとした雰囲気の中で食事や間食を楽しむ」とあります。満3歳以上の内容でも「(5)保育士等や友達と食べることを楽しみ、食べ物への興味や関心をもつ」と示されており、偏食を克服しなくてはいけないとは、どこにも書かれていません。この点を鑑みて、子どもの偏食に寄り添っていけるのが有用だといえるでしょう。

子どもたちにとっては、好きな食べ物をおかわりするために自分の要求を伝えることや、その要求が受け入れられることも大切な経験です。一方で、嫌なことに対して拒否を表現し、それが受け入れられる経験も同様に重要で、コミュニケーションが発達する基盤になっていきます。よって、本人から表出する心の動きをしっかりと受け止め、その上で無理のないチャレンジをしながら、一歩といわず半歩ずつでも進んでいければ、必ずそれが発達の轍《わだち》となり、その子の世界は広がっていきます。

ここまで、偏食の背景と支援について述べてきましたが、まとめとして味覚と嗅覚を含めた口腔機能の発達が、子どもの生活とどのようにつながっているのかを整理します。赤ちゃんは、生後1か月ぐらいから母親の匂いを感じているといわれています。嗅覚は、既述した前庭感覚などの初期的な感覚と同様に、動物の進化の初期に現れた感覚です。乳児の視覚の発達は6か月で0・2程度といわれており、母親を見て認識するよりも、匂いや味で母親を感じることが、大きな安心につながります。その点では、視覚や聴覚のように年齢と共に洗練されていくというよりは、生まれたときから子どもが適応するために備わっている機能だといえます。

また、鼻で息をしながら母乳を飲む場面が見られますが、このような動きは新生児特有のものです。はじめは舌を前後に突き出す動きで母乳を飲み、段々と舌の動きも巧みになり、言葉をつくる構造が整ってきます。よって、舌の機能が育たないと構音にも影響が出てきます。口腔機能が育っていない場合には、咀嚼機能自体が弱く、噛んで飲み込むことに困難さが生じます。その結果、特定の食材などを拒否するという形で防衛的な反応につながることが想定されます。ここで注意したいのは、味覚や嗅覚の感覚刺激による摂食への防衛反応として偏食が生じることがありますが、偏食≠感覚の防衛反応とステレオタイプな捉え方をするのではなく、「食べることを介して、口腔機能を育てる」という視点が、子どもの発達には重要だといえるでしょう。

給食の時間さえ
なければ
楽しいんだけどな...

エピソード6

注目することが苦手な子

5歳のちーちゃんは、担任から読み聞かせなど、一つのことに注目することが苦手な子と思われていました。ある日の降園前の読み聞かせでも、担任が一人ひとりに見えるように絵本を提示して回っていると、すっとそこから離席してしまいました。

来年からは小学校に通うことも踏まえて、担任が保護者にそのことを相談すると、家庭では自分が好きな絵本やＤＶＤは、全く飽きずにずっと見ているとのことで、どうやら園と家庭では様子が違うようでした。

担任は、家庭と何が違うのか園での様子を観察していると、どうやら園の中でもキラキラしたものはよく見ていることがわかってきました。また、読み聞かせも絵本を固定しているときは離席せずにじっと見ており、クラスの子どもたちへ順番に見せようとして絵本を動かすと、その後は見ようとしなくなることがわかってきました。

1　注目することが苦手な背景

ここまで様々な刺激に対する情報処理を「身体のどこが、どのように動いているか（前庭感覚・固有受容感覚）」、「身体に何が触れているか（触覚）」、「身体に何が入ってきているか（嗅覚・味覚）」の三つの視点から考えてきました。これらは、子どもたちの発達において「触れる・感じる世界」の話と言い換えることができます。本エピソードでは、次の発達段階である「見る・聞く世界」の中から「少し離れたところに何があるか（視覚・聴覚）」という感覚について、つまずきの背景を考えていきます。

離れたところにある情報を受け取る代表的な「見る」機能に「視覚」が挙げられます。視覚は、一般に「C」の形をしたランドルト環を用いた視力検査で測られる視力に加え、色や形などを認識する視知覚も含まれます。おおよそ視力が0・3未満を弱視、さらに0・01程度以下は全盲に分類されますが、このような視力の低下に伴う見えづらさに加えて、色や光の捉え方についても感覚調整の困難さが影響することがあります。例えば、明るさに対する反応として、羞明《しゅうめい》（通常よりもまぶしく感じる）があります。これは、白内障や斜視、網膜色素変異症といった眼疾患だけでなく、光過敏症といって特定の光や色に強いストレスを感じるケースも含まれます。ある発達障害の当事者の方が講演の中で「電車のLEDの光がまぶしくて、乗れない車両がある」ということをおっしゃっていましたが、他の感覚過敏と同様に視覚においても感覚情報の過多は大きなストレスになるという理解が必要です。よって、教室などの環境の中で、子どもたちが何かを見ようとした際に、光や色の問題があることを念頭におく必要が出てきます。特に運動遊びや体育などの屋外の活動は、太陽の方向によってはその刺激に引っ張られてしまうと全く話が聞けなくなってしまう子もいるため、逆光にならないような立ち位置やどんな場所で話をするかなども重要な支援のポイントになっていきます。

次に、見る力として眼球運動の育ちと姿勢のコントロールが挙げられます。私たちは、対象物を頭と目で追うことで、それを見ようとします。ここで重要になってくるのは、カメラと三脚の関係のように、頭とそれを支える身体との関係があります。頭は、対象を見るためのカメラの役割を果たすので、目で見たものを頭の中で整理して理解する一連のプロセスに重要な意味をもちます。一方で身体は、カメラを支える三脚の役割を果たすため、当然ながら安定してカメラを支えないとしっかりと映像を捉えることができなくなってしまいます。エピソード４「じっとしているのが難しい子」で「前庭感覚」について概説をしていますが、前庭感覚には、眼球運動のサポートという機能が備わっています。また、エピソード３「力加減が難しい子」で「固有受容感覚」について概説をしていますが、固有受容感覚には、姿勢の保持という機能が備わっています。よって、何かに注目して丁寧に見ようとする力が身に付くためには、「見る」という視覚の機能だけなく、様々な感覚の情報処理を適切に行いつつ、前庭感覚の発達に伴う眼球運動の機能の向上や固有受容感覚の発達による姿勢保持の力も含めて子どもの育ちを支えていく必要があります。

2 注目することが苦手な子の支援

注目することが苦手な子どもたちの中には、視線が合いづらい子も少なくありません。視線が合いづらい理由としては、本人のまなざしがぼんやりしているために、どこを見ているのかがわかりづらいケースや、様々な刺激に注意が振られてしまい、視線が定まらない場合があります。これら以外の理由として、姿勢の保持が安定しないことで視線が定まらないケース、耳を澄ますと目が閉じるように、他の感覚が強く働いているケース、さらには、緊張や羞恥心から目をそらすなど、多様な要因が考えられます。ゆえに、視線が合わないからコミュニケーションの障害があるとステレオタイプに決めつけることは、結果として子どもの状態像の読み取りに齟齬《そご》を発生させ、ひいては関わり方にもずれが発生する可能性が出てきます。そこで、子どもの発達に応じて見る力がどんな育ちをしているかを見極めながら、実態を把握し、支援の手立てを考えていくことが望ましいといえるでしょう。

発達が初期の子どもの場合、どちらかといえば「見る」ことよりも「聞く」ことの方が刺激が入りやすく、音楽や音の出るおもちゃには関心を示しやすいですが、目からの刺激（光る、動くなど）は難しいところがあります。これは、目を使うためには、まなざしを対象に向けて注視し続けるという能動的な要素が必要となるからです。一方で、聴覚の刺激は受動的に入りやすく、目をつぶるといった能動的に刺激を遮断することが視覚よりも難しいことから、より統制された教材や環境が求められます。さらに、感覚情報の統合という点では、他の感覚情報と視覚による感覚処理が拮抗《きっこう》することで、目と手の協応といった複数の感覚処理に支障をきたすことがある点も理解が必要になります。

幼児期の視知覚の問題は、例えば「読み聞かせでじっと見ていることができない」といった注目の問題にもつながりますが、学齢期に入るとさらに「読み」「書き」といった学習面の問題にもつながっていくことが考えられます。その点では、早い段階で子どものつまずきに気づき、適切な介入が求められているといえるでしょう。特別支援学校においても、情報障害といわれる視覚障害と聴覚障害は幼稚部を設置している学校も多く、前庭感覚や固有受容感覚といった初期的な感覚の発達に加えて、触覚、味覚、嗅覚など五感の発達の中でも特に視覚と聴覚は、学齢期以降の学習面において直接的に影響することが多い感覚です。ゆえに子どもの「見やすさ」と「見る楽しさ」は、乳幼児期の早い段階から丁寧に育てていきたいものです。

さて、「注目すること」について主に視知覚の問題から発達的な要因と支援を整理してきましたが、他の要因として注意の持続や切り替えの問題が背景にあるケースもあります。このようなケースは、衝動性や多動性が大きく関係していきますが、その背景には脳の実行機能や報酬系という要素が関連しているケースもあるので、エピソード13「期限や約束が守れない子」やエピソード4「じっとしているのが難しい子」と合わせて多面的・多角的に子どもの発達的な要因を分析してみましょう。

エピソード7

耳塞ぎが多い子

4歳のみーちゃんは、高い音や友達の泣き声が苦手で、サイレンの音が聞こえると耳を塞いで泣き始めてしまいます。また、泣いている友達がいる教室には入ろうとせず、自分が教室の中にいるとすぐに飛び出してしまいます。

担任は、「そんな音は、気にしないで大丈夫だよ」となだめますが、まったく声が届かず改善は見られませんでした。

最初のうちは特定の音が鳴ったときに耳を塞いでいるだけでしたが、最近は嫌な音がなくても耳を塞ぐことも多くなり、常に不安そうな表情が見られます。家庭からも、登園渋りが出ているので、なんとか本人が楽しく園生活を送れるようにしてほしいとの相談があがってきました。

そのうち改善するのではと思い、しばらくは様子を見ていたのですが、改善するどころか状況は悪くなるばかりなので、担任は困り果ててしまいました。

1 耳塞ぎをする背景

巡回相談などで園や学校を回っていると、時に耳を塞いでいる子どもを見かけることがあります。音に関する感覚である聴覚は、聴力（音を聞く力）と聴知覚（音を判別する力）のどちらにつまずきがあるかによって、関わり方や支援の方法も変わってきます。

一般に音が聞こえているかは、聴力検査によって判別されます。聞こえの程度については、聴力レベル（Hz）で表し、単位はデシベル（dB）で表します。ここで、どの程度の音が聞こえているかによって健聴と難聴に分類されますが、耳を塞ぐ行為自体は音を遮断する機能をもった行動であることが多く、その点では聞こえが悪い子というよりも、聞こえている音の刺激の調整に困難さがあるといえます。言葉をはじめとする聴覚の情報は、触覚や後述する視覚などの感覚情報とともに、聞こえる音から意味を理解します。特に、特定の音声を意味のある音節や単語に精緻化する処理は難しく、例えば聞きなれない外国語だと、知っている単語のみしか聞き取れないといったことが出てきます。よって、聴覚からの情報を適切に処理し、生活の中で意味のあるものとして理解できることが、結果として心理的な安定にもつながるため、仮に音が聞こえていてもその意味がわからなければ、不安や嫌悪が大きくなり、その音を遮断するために耳を塞ぐという行動が想起すると考えられます。

聴覚処理の代表的な例として、カクテルパーティー効果があります。カクテルパーティー効果とは、音に対する選択的な注意のことで、必要としている情報や重要な情報を無意識に選択することができる脳の働きのことをいいます。例えば、街の中で視界に入る全ての文字を読み、耳に入る音を聞き、全ての匂いが入り込んできたことを考えると、様々な情報が過多になり、非常に疲れてしまうことが想像できるかと思います。このような感覚情報のオーバーフローが起こらないように、脳は感覚情報を選択し、適切に取り入れる機能が備わっています。

音の刺激に対する注意の選択が難しい子がいます。エピソード2でも触れましたが、自閉スペクトラム症の当事者であるケネス・ホールさんは苦手な音に対して、「絶対に嫌なのは、掃除機とミキサー、それとたくさんのしゃべり声」というコメントを残しています。実際に筆者が関わってきた子どもたちの中にも、泣き声や大きな声など、特定の音が苦手な子がいました。このような特定の音に対する嫌悪感については、「キーッ」というような金属が擦れるような音が苦手な方も多いかと思います。特定に音に対する嫌悪は、その音に対する防衛的な反応を引き起こします。そのため、音を遮断するために耳を塞いだり、音を回避するためにその場所から離れようとしたりする行動につながります。

もし、子どもが耳を塞いで不快そうな様子を見せていたら、その不快感の原因を丁寧に聞き取っていくことが大切な関わり方のポイントになります。外の音であれば窓を閉めたり、場合によっては場所を変えたりすることが必要なときもあります。そして、最も大切なことは、情報処理で混乱している子どもが少しでも落ち着けるように、ゆっくり、穏やかな声とわかりやすい言葉で接する必要があります。ささやくような優しい声は、子どもの神経を落ち着かせるには効果的です。

2 耳塞ぎが多い子の支援

発達が初期の子どもたちは、感覚情報の処理が拮抗《きっこう》することで、複数の感覚を同時に使いこなすことが上手ではありません。例えば、何かに触れることでその物を見る、投げた物の音が鳴ってから振り向くなど、操作的な運動に対して、見る、聞くといった行動が続きます。これは、触覚の方が視覚や聴覚よりも優位に働きやすく、「見ながら操作する」といった目と手の協応は難しい段階だといえます。よって、最初は触覚を使った探索的な活動から、徐々に視覚や聴覚を活用することにつながっていきます。聞く力の発達は、話す力にもつながっていきます。これは、聞いた音を記憶し、その音を聞いたときに想起する記憶の力とも深く関わります。そこで重要になるのが、聞き分ける力や聞き取る力の発達です。その結果、聴覚で取り入れた音が、記憶にある文字や数字、記号などと結びつくことで、言葉として広がっていきます。さらに言葉が増えることで、様々な概念が育ち、イメージを思い浮かべることで描画や書字などにも広がっていきます。この点は、聴覚のみで獲得する力ではなく、視覚とともに育っていく力だといえます。

よって、音を聞いて事物を操作できるようになるためには、音への関心も重要な要素になります。例えば、安心する声や好きな音楽など、乳幼児期に音に対する興味・関心に加えて、安心という要素もしっかりと保障していきたいポイントだといえるでしょう。

幼児期になると、聞いた音に対して運動を合わせる力が育つことで、音楽に合わせてダンスを踊ることや特定の言葉かけで走ったり、止まったりということができるようになります。また、音楽の始まりと終わりもわかるようになり、曲に合わせて手をたたいたり、行進したりすることも可能になります。これは、曲の変化に合わせて、自分の動きや身体を合わせる力の育ちともいえます。

音楽の始めと終わりに限らず、会話や文章にも始まりと終わりがあります。これらは「音の始点と終点」と言い換えることができますが、パターン的な表現から徐々に多様な表現に広がっていきます。もし、そのような様子がなかなか見られない場合は、一度、言語聴覚士などの専門家に相談することも有用です。聴覚は視覚と違って、自分から入ってくる感覚刺激を拒否しづらく、受動的になりがちな側面があります。特に、特定の音に強い嫌悪が出ているような場合は、作業療法士に相談するのもよいでしょう。

以前、学齢期に多動性と不注意が問題としてあがってきたお子さんがいたのですが、その子のつまずきを丁寧に見ていくと、音の聞き取りの悪さから不安が大きくなり、その結果として不適応が生じている事例もありました。一見するとエピソード４「じっとしているのが難しい子」やエピソード13「期限や約束が守れない子」などのつまずきと重なるように見えますが、近年では、「聴覚情報処理障害（ＡＰＤ）」というキーワードも耳にすることが増えてきました。その点を踏まえつつ、様々な感覚の感じ方の違いがあることに気づくことが、圧倒されるような感覚刺激から子どもを守ることにつながります。

わたしたちって似てるのね

エピソード8

模倣が苦手な子

5歳のほーちゃんは、一人遊びが多く、担任や周りの友達には興味や関心があまりないように見えました。ある日、ほーちゃんは自分が使いたいおもちゃを友達から力づくで取ってしまったので、担任は「取られたお友達の気持ちを考えて」と諭《さと》しましたが、まったく話が響いていない感じがあり、ちょっと心配になりました。

しばらくすると同じようなことがまた起こったため、担任は改めて「おもちゃを取られたお友達はどんな気持ちだと思う？」と聞いてみたところ、「別に平気」と期待している答えは返ってきませんでした。

色々と気になることが増えてきたので担任が注意深く観察していると、これまでは自分が好きなおもちゃだけを並べて遊ぶことが多かったのですが、最近は友達の活動を見ていることも増えてきており、どうやら友達と同じような遊びに興味が出てきたようでした。

1 模倣が苦手な背景

エピソード1「一人遊びが多い子」で子どもの様々な遊びの形態に触れましたが、外界へ対する興味・関心の育ちを考えていく上で、子どもの模倣の発達は重要なキーワードだといえます。模倣は、「モデルの特定の反応を真似る」という側面がありますが、様々な行動の抽象的な特徴も含まれます。例えば、話し言葉の場合、一定の文章や文法を真似ることで様式を身につけていきますが、新たに獲得した語彙《ごい》からその様式は再構築されていきます。

模倣には、「道具操作の模倣」「身体模倣」「音声模倣」などがあります。道具操作の模倣は、相手が操作した道具の使い方を真似る行為で、おもちゃを振るといった簡単な模倣であれば、身体模倣よりも早く見られるといわれています。身体模倣は、身体の動きを真似る行為で、聞く力よりは見る力がより重要になります。一方で、音声模倣は、音を真似る行為になるので、口径《こうけい》を真似る点では見る力も必要になりますが、音を聞き分けて再現する「聞く力」の育ちが重要です。

子どもたちは、これらの模倣について、遊びの中で能動的に真似をし、様々な事柄を学習していきます。さらに、褒められる行動や叱られる行動など、社会的な場面に応じた行動様式なども学習し、適応力が高まっていきます。模倣には様々なスキルの学習に加えて、社会的な行動様式などの幅の広い学習効果が期待されます。この模倣の育ちには、ボディー・イメージの発達、対人的なやりとりの楽しさや他者への関心、視覚・聴覚による運動のコントロール、視知覚・聴知覚による刺激の弁別、記憶の育ちなど、多様な発達のエッセンスが必要になります。そこで幼児期編のまとめとして、これまでのエピソードで触れてきた模倣を支える諸感覚に前庭感覚と固有受容感覚を合わせた七つの感覚の育ちがどのように学齢期の発達につながっていくのかを整理します。

模倣の育ちと認知の育ちは、重要な関連をもっています。例えば、簡単な行為の模倣から、言語や行動様式などのより高次化された模倣と、模倣にもいくつかの段階があります。気になる子の多くは、この模倣につまずく場面が見られます。外界への注意や関心が弱ければ、模倣自体が発生しないため一人遊びの形態から傍観遊びへ発展していきません。また、遊びの内容も自己刺激的な感覚遊びが多くなり、運動遊びや機能遊びへとなかなか発展していかないことが出てきます。特に年少時は、直接的な場面で模倣が再現されていきますが、年長になると記憶の力や頭の中でイメージを組み立てる力も育ってくるので、特定のモデルの提示後、一定の時間が経過して発生することもあります。これには、暴力的な解決方法で問題を解決したり、暴言を吐いたりといった不適切な行動も含まれます。ゆえに、ペナルティを与えるような関わり方は、結果としてその子が他者に対してペナルティを与える関わり方を対人的な関わり方のモデルとして学習し、再現する可能性があることを念頭に置く必要があります。そのような問題も含めて、子どもの適応力がどうすれば高まっていくかを発達の積み木としてもう少し考えてみましょう。

2 模倣が苦手な子の支援

乳幼児期は、学習の仕方を学ぶ時期だといえます。最初は、「触れる・感じる世界」に始まり、「見る・聞く世界」から、抽象的な「考える世界」へと移行していきます。そのプロセスの中で、前庭感覚と固有受容感覚に触覚を加えた初期的な感覚から様々な感覚情報を得るところから始まり、事物の操作や感じた経験に見た物（視覚情報）の意味をもたせるようになります。さらに、聴覚は見たものにより多くの意味を与えることをサポートし、これらの感覚情報から得た経験が抽象的な思考を育てていきます。そのため、子どもにとって触るという直接的な探索行為は、学習のスタートとしてとても大きな意味をもっており、このような様々な感覚の発達的な要素の積み重ねが学齢期移行に求められる集中力や自信などの力につながっていきます。

年中ぐらいになると、友達とのトラブルの解決場面で「相手の気持ちを考えて」という指導場面を見かけます。確かに、集団と関わる中で他者の存在を理解し、尊重する態度は小学校への就学を見据えた重要な学習の要素です。一方で、生活年齢に対して記述してきたような諸感覚も含めた発達初期の要素がしっかりと積み上がっていない子どもたちの中には、相手の気持ちを考える以前に、自分の気持ちを言語化することが難しい子もいます。あるいは、自分と外界との境界線が曖昧であれば、自己と他者の違いという点でも、客観的な視点から考えることが難しい子もいることでしょう。

子どもの世界の扉は、遊びからつながり、開いていきます。この遊びについてJ・デューイやM・モンテッソーリは、遊びの中に「仕事」という役割活動の概念を取り入れていました。これは、遊びが社会との連続性を実現する活動として考えられているからであり、強制的な面を示すことではありませんん。ゆえに、子どもたちは多様な活動の中で能動的な活動からたくさんの感覚刺激を享受することが、脳を育て、ひいては様々な適応力を育てていくものだといえるでしょう。

子どもの適応力の育ちに対して、感覚統合の理論を提唱したA・J・エアーズは、その研究の中で様々な感覚情報の比喩に車の交通整理を例として挙げ、感覚情報が脳の発達を促進する重要な栄養であることに加え、これらの情報を統合し、組織的に処理できるようになることが日々の適応につながることを示しています。もし、これまでのエピソードにあったように様々な発達が気になる子を見かけた際には、その子の生活年齢や特定の診断名などから一方的なラベルを貼ってしまうのではなく、その子が現在はどんな発達のステージにいて、何を感じ、何を見聞きしているのかを丁寧に読み取っていきましょう。そのような一人ひとりの発達的なニーズに応じた理解や関わり方が、小学校就学後の適応や学びに大きな影響を与えていきます。

仮に関わり方や支援方法がわからなくなったときには、その子を大切にすることを最優先してください。他者に認められ大事にされた経験は本人の自尊心や有能感を高め、いずれ自分だけでなく、相手も同じように大切にできるようになっていきます。

相手の気持ち？

特別読み切り

ぼくのすきなもの

ぼくは クルマが すき
ヒューッ
ブルルルルル
ずどん
ぶぅん
いきものと
あかい リュックが すき
ぴかぴかに ひかる いしが すき

あっくん
それなぁに
うふふふ
みせてー
び
やあ!!
うわぁん
あっくん!!
びしゃあ

リニック
お母さん　どうぞ　お入り下さい
ビューーーッ
あっくん　ちょっと　おちついて！
あっくんが　誕生したのは　4年前

スピー
スピー
かわいいねぇ…
カシャ
カシャ
ママになった喜びもつかの間…
ふぎゃああ
すぅ…
やっと寝た…
そ〜〜〜
ふぎゃあああ
えっ?!
いないいないばあ〜
…
「寝ない」
「反り返って泣く」
「片時もじっとしていない」
わああああ
どうして泣いてるの?!!

チュン
チュン…
また一睡もできなかった…
子育てってこんなに大変なものだろうか…
1歳
あっくんこっちよ
ママのことわかる?
2歳
えっまだ喋らない?
でも個人差があるっていうし…
ずっとあればかりやっている……
コロコロコロ…
3歳
みんな並んで~
あっくんどこ行くの
ぴゅう~っ

あっくーん
アハハ やってる やってる
おゆうぎ会も もうすぐ ですね～
うちの子も はりきっちゃって…
あっ あっくんの ママ
こんにちは
こんにちは…
そうですね あっくんは たしかに
マイペースな所が ありますが…
先生… もしかして息子は 発達障害…
大丈夫ですよ お母さん
おゆうぎ会は私たちが しっかりサポートします から!

すみれぐみ
ラララ〜♪
おゆうぎかい
♪〜
ドキドキドキ…
パチパチパチ
なんとか舞台にあがってる…
あのねえ
あっくんシー!!
いつもとちがうことがあると あっくんは大興奮で
こんな日は夜が長い
わー!!
ドタドタドタ
あっくんちょっと
コラッ

ハァ～やっと寝てくれた…
プルルル
プルルル
プルルル
プルルル
プルルル
申し訳ないのですがうちも予約がいっぱいで…
受診は半年後になりますが…？

そして
3歳半
うわあああん
うさみ歯科
歯医者さんで
パニックを起こした
あっくんを見て
受付
すみません!!!
この子は
障害があると
確信した

発達障害の
子どもは
どんなふうに
生きていくんだろう
あっくんの
頭の中は
いつも何を
思っているん
だろう

ムクッ
この子は
大人になって
自分をどんなふうに
受け止めるんだろう
お腹すいたね
あっくん？
オナカ
スイタネ
あっくん〜
オナカ
スイタネ
あっくん
人に
愛される
だろうか
ピューッ
今日はカレーに
しようかな〜
幸せに
なれるだろうか

発達障害には様々な診断名や診断基準がありますが
今回は問診といくつかの課題を実施してもらいました
びゅんびゅんびゅーん
どうぞお母さん
ハ…
こちらが結果です
どす～～ん
あっくんちょっと静かに…

自閉スペクトラム症
及び注意欠如・
多動症です
先生…
関わり方から
考えていきましょう
できることは
たくさんあります

ビシャ
あれっ
よかった 雨が やんでる
ぴたっ
あっくん 早く 帰ろう…

…ひかるいし…？

それがあなたの
見ている世界
なの？
その日
発達障害という
診断から
特別支援コーナー
大人の発達障害
発達障害の治療
発達障害ガイド
感覚統合
言葉かけのコツ
自閉症サポート
子どもの発達
ASD
LD
ADHD
息子のことを
一つ知った

多くの人の理解を得て
支援を求めた
ドキドキドキドキ
そして2度目のおゆうぎ会
おゆうぎかい
さくらぐみ

あ～
おわった
あっくん
さくら
あはは
ぷっ
ぼくは
クルマが
すき
ピカピカに
ひかる
いしがすき

いつか
いちばん
ひかる いしを
だいすきなひとに
あげるんだ

※注 本読み切りは、当事者インタービューによる実話をもとにしていますが、著者の監修によりプライバシーの保障のため、事例の本質を損なわない範囲でアレンジを加えています。

Part II

学齢期の気になる子どもたち

エピソード9

聞くことが苦手な子

キーさんは、新しい言葉を覚えることが苦手で、聞いた話をすぐに忘れてしまうことがよくあります。授業や会話でも聞き返すことが多く、話を聞いていないように見えることから、授業中に注意を受けることもありました。キーさんの様子が気になる担任は、大きな声で説明したり、説明を繰り返したりしても改善は見られません。

口頭での指示に戸惑っているような場面も増えてきたことから、担任は指示の内容を復唱させてみたところ、しばらく考えたあとは、急に黙り込んでしまいました。

それからは、心配になって声をかけても反応は弱く、学習に対しても一生懸命に聞こうとしている感じよりは、むしろ聞くことを諦めてしまっているようでした。

保護者に家庭での様子を確認してみると、「もういい」と何に困っているのかを話そうとはせず、解決の糸口が全く見えなくなってしまいました。

1 聞くことが苦手な背景

小学校へ就学した際、これまでの幼稚園や保育所での生活と大きく違う点で、教科学習が始まりますが、ここで特に注意しておきたいのは、子どもの聞く力と読み書きの力です。これらの力は、国語の学習に限らず、学習の全てに関係していきます。そこで本エピソードでは、はじめに聞く力が弱い子について、その要因と支援の道筋を考えていきます。

子どもの聞く力のつまずきは、音が聴こえているかという聴力の問題に加えて、話をする相手に注意を向けることができているか（注意や集中の弱さ）、指示や説明など、話の内容を理解することができているか（言語理解力の弱さ）、指示や説明に応じた行動ができているか（指示などに応じる力の弱さ）など、複数の要因が考えられます。これらの要因には、音韻意識の発達、聴覚的な短期記憶、語彙《ごい》の獲得、様々な言語情報を統合する力など、さらに複雑な発達課題が関連してくることから、聞く力に関わる発達的な要因についてもう少し詳しく整理をしていきます。

私たちは、「音」の違いを意味の違いと認識して生活しています。例えば、「赤（aka）」と「坂（saka）」では、子音に「s」が含まれるかというところに違いがありますが、「a」と「sa」の聞き分けができなければ正しく言葉を聞き取ることができません。まずは、このような「音が聞こえる段階」から、「わずかな音の違いを聞き分けることができる段階」、「音を言葉として認識できる段階」、「聞き取った音を言葉として認識し、既知の知識と結びつけて意味を理解する段階」と、細かいステップが構成されています。また、単語の音の並びを正しく理解していないと、一つの単語として認識することができないため、単語レベルでの記憶の力も必要になります。あるアニメで子どもが「トウモロコシ」を「トウモコロシ」と話すシーンがありますが、「トウモロコシ」という五つの音を聞き分けるだけでなく、単語の並びを正確に記憶する必要があるため、長い単語だと似たような音での覚え間違いなども生じることがあります。これは九九の暗記などでも同様のことが発生することがあります。「聴覚」のつまずきについては、エピソード7「耳塞ぎが多い子」で聴覚の情報処理の一つであるカクテルパーティー効果を概説しましたが、日本語を聞き取るためには、「単語がいくつの音で構成されているか」や「単語内の音の入れ替えといった音韻の操作をできること」が、聞く力を育てていく上で重要なポイントになっていきます。

2 聞くことが苦手な子の支援

聞く力のつまずきは、学習内容の理解にとどまらず、学習の動機づけにも大きく影響します。そこで、どんな配慮やサポートが必要になるかを考えてみましょう。

はじめに、物理的な環境の配慮として雑音の軽減が挙げられます。これは、聴覚の情報処理とも大きく関連しますが、廊下側や窓側の座席は外からの音の刺激が強いため、聞く力が弱い子にとっては良い座席とはいえません。そこで、窓やドアを閉めることで余計な音を軽減し、そういった場所からはできるだけ離すということが有効です。また、遠足などの野外や大きなグラウンドでの言語指示は、話し手がどこにいるかというところへ注意を向ける必要も出てくるため、話し手の近くに座らせることや、重要なことは文字で書いて示すといった配慮も有用です。ある体育の授業で担任がマイクを使って「では、先生の方を見てください」と話をしようとした場面がありました。そのときに、大半の子どもたちは担任の方へ顔を向けて話を聞く準備ができていましたが、あるお子さんは、さっとスピーカーの方へ顔を向けたことがありました。この子は、音を聞き取ることはできていますが、広い空間の中で担任の立ち位置よりも、音が出る位置や方向に注意が引っ張られているケースだといえます。

以上のような音の環境を整える方法以外にも、指導者の話し方の工夫も重要な支援のポイントになります。例えば、注意や集中の弱さから聞く力が弱い場合は、全体に話をしようとしても、注意を切り替えることができずに聞き漏らすことが多いです。その結果、話が終わったあとに一人だけ内容がわからず、活動に取り残されるといった学習面の遅滞や場合によっては注意や叱責を受けることで自尊感情が低下するといった二次的な問題にもつながる危険性があります。よって、いきなり全体に向けて指示や説明をするのではなく、先に気になる子の注意を引きつけて、聞く準備ができていることを確認することで、避けられるエラーがあります。

言語理解の弱さから聞くことが苦手な子の場合は、できるだけ短くわかりやすい文法で、聞き取りやすいよう丁寧に言葉を整える必要があります。例えば、「給食を食べる前に手を洗う」という指示の場合、前の文を聞いてから後の文を聞き、前後の関係性を整理して行動へ移す必要が出てきます。そこで、「手を洗ってから給食を食べる」という指示であれば、聞き取った順に行動すればよいので、手順の理解や聞いたことを記憶する面でも負荷は少なくなります。また、「給食を食べる前には、手を洗って、その前にはトイレを済ませる」という指示だと、「給食を食べる」「手を洗う」「トイレを済ませる」の三つを一度に記憶することに加え、複雑な時系列を自分で再構成する必要が出てきます。複雑な言語指示に対して聴覚的な短期記憶が弱い子は、一番関心が高い「給食を食べる」は覚えていても、「手を洗う」が抜けてしまうといったエラーが起こることがあります。

記憶の力が強くても指示に応じることができていないケースは、暗黙の了解が理解できていなかったり、字義どおりに言葉を受け取ってしまったりしていることがあります。よって、言葉だけでなく視覚的な手がかりを一緒に提示したり、活動の見通しを可視化して示したりすることで、本人が安心して活動に入れるようなサポートが有効です。

聞く力のつまずきにも、様々な要因があることを述べてきました。このような子どもたちのサポートを考えていく上では、本人の興味・関心に寄り添った教材の選定が重要になります。特に聴覚的な記憶の力を伸ばしていくには、一方的に指示をするだけでなく、指示を復唱させてワーキングメモリを働かせる機会を増やしていくことが有効です。その際、課題の難易度については、本人ができることをスタート地点として、成功体験を保障していくことが鍵になります。

エピソード10

話すことが苦手な子

ハナさんは、何か質問をしてもすぐに「わからない」と黙ってしまいます。時間をかけると話し出すことがありますが、「えーと、えーと……」と言葉の間に間投詞がとても多いことが気になります。

説明は、本人なりに一生懸命話そうとしてくれていますが、内容はまとまっておらず、話題が転々とする一方で、途中で質問すると全く違う話題が返ってくることもありました。

日常会話の場面でも他の子どもたちより大きな声で話すことがあることから担任は、養護教諭の先生に相談をしてみたところ、特に聴力検査の問題はないとのことでした。

注意深く観察していると、どうやら、場面や相手によっても話すことができる場合と難しい場合があるようです。そこで担任は、本人の気持ちの問題も大きいのかと思い、ハナさんへ「心配せずに何でも話してね」と言葉をかけてみました。そのまましばらく様子を見ていましたが、本人から相談に来ることはありませんでした。

1 話すことが苦手な背景

「話す力」は、語彙《ごい》や構文などの言語能力の育ちが伴うことから「聞く力」とも密接な関係があります。乳幼児期の家庭生活が大半の時期は、主なコミュニケーションの相手は家庭内であるため、その中で伝わる手段があれば困ることはありません。ところが、園や学校など、集団生活の場面になると指導者や友達など、家庭外の相手ともやりとりをする機会が出てくることから、相手や場面によって話すためのスキルもより多様になっていきます。

家庭内での話す内容は、主に会話が中心になりますが、園や学校では、質問に対する回答や自分の意見の発表などに加え、話し合い活動のように「聞くこと」と「話すこと」を適宜切り替えながら、変化する話の内容に対応するような場面も出てきます。よって、「話す力」につまずきがある場合、口腔機能による音を言葉として表現する構音の機能に加えて、相手の話を聞く力と話の内容の意味を理解する力も必要になります。そのため「話すことが苦手な子」は、聞く力の弱さ（情報の入力）、聞いた内容の意味理解（情報の処理）、言葉での表現（情報の出力）のどこにつまずいているのかを、多面的・多角的に捉えていくことが求められます。

話す力に関する認知的な発達課題は、聞く力と同様に音韻意識の発達、聴覚的な短期記憶、語彙の獲得、文脈の意味理解など、多岐に渡ります。また、相手に伝えるというコミュニケーションの問題は、意欲や安心といった心理的な側面にも大きな影響を与えます。よって、本人の発達に起因する言語の表出の機能的な問題と叱責や失敗を回避するといった心理的な問題も含めて子どもの様子を注意深く観察していくことが求められます。

2 話すことが苦手な子の支援

「聞くこと」とも大きく関連するところで、言語には「音韻論的側面」「統語論的側面」「意味論的側面」「語用論的側面」の四つの側面があります。

例えば、「国語」という言葉に対して、音韻論的側面では、音の単位（モーラ）から「こ（ko）」と「く（ku）」と「ご（go）」の三つの音から成り立っているといえます。統語論的側面では、「国語」は一つの単語であり、文章ではありません。意味論的側面では、「国語」は、読むことや書くこと、話すことを学ぶ教科の名称です。語用論的側面では、文脈に応じて意味が変化します。例えば、帰りの会などで「明日の国語は？」という話し手からの質問があった場合、「国語の授業はありますか？」というスケジュールに対する確認の意味に限らず、「国語の授業の内容は、何を学習しますか？」という内容に関する質問の意味をもつこともあります。つまりは、一つの単語でも、文脈によって複数の意味をもつことがあり、この意味の取り違いがコミュニケーションに齟齬《そご》を発生させることがあります。

語用論的な失敗の例として、子どもが指示に応じられない場面で「勝手にしなさい」といわれた場合、話し手の意図としては、指示に応じることに対する警告の意味をもちますが、そのまま字義どおりに受け取って指示を無視した行動をとれば「勝手なことをしてはいけません」とさらに強い叱責を受けることになります。このような相手の意図や含みを読ませるような言葉の投げかけは、ダブルバインド（二重拘束）といって、子どもの言語に対する捉え方を混乱させ、大きなストレスを与えることになります。その結果、コミュニケーション場面が本人にとってはメリットよりもデメリットが大きくなってしまい、自分から話すことをやめてしまう、あるいは話せなくなってしまうといった心因性の問題が発生する危険性があります。

幼児期も年長になるとしりとりができるようになってきます。一方で、それが難しいときには、音韻意識の発達に対して注意が必要だと考えています。このような子どもに対しては、無理矢理に言葉を修正させるような関わりではなく、まずは安心して話すことができる環境づくりが重要になります。その際、聞く力が弱い子は、単語レベルの聞き間違いなど誤学習の可能性があるため、黒板などに書いて示しながら、言葉を整理していくことが有用です。これは、文章においても同様で、文の構造を視覚的に理解できるよう「(○○) は、(△△) をしました。」というように、主語と述語の関係を可視化して整理する必要があります。

聴覚的な短期記憶が弱い子や衝動性が強い子は、話し合い活動などの場面も含めて、ずっと話し続けてしまうこともあります。途中で黙ってしまう子やなかなか自分から話し出せない子に対しては、「どう思いますか？」というようなオープンクエスチョンよりも、選択肢を提示して選ばせるようなクローズドクエスチョンの方が心理的な負荷も小さく、具体的な話が引き出しやすくなります。また、話がまとまらず喋り過ぎてしまう子に対しては、5W1Hを示しながら、話す内容を整理していく必要があります。

話すことについては、難聴などの聴力の問題から、自分の声（音）が聞き取れていないのか、発声発語の器官の問題なのか、吃音や場面緘黙症のような心理的な影響も含まれるのかなど、多様な問題が背景に隠れています。言葉の遅れは3歳ぐらいで診断がつくようなケースも多く、月齢によっては様子を見るという対応も取られがちですが、語彙《ごい》の獲得は認知の発達に大きく影響をすることから、まずは話すことで相手に要求や思いが伝わる経験を積み上げていけるように関わることが求められます。その際、心配があれば言語聴覚士に相談することを検討してもよいでしょう。

発話の流暢性には、口腔機能の発達も大きく寄与します。特に偏食が強い子や不器用さが目立つ子は、舌や口唇の使い方も育っていないことが少なくないので、食事の場面でも口唇のマッサージなどから意図的に発話の機能を育てていくことが、学齢期以降の発話の流暢性や自信にもつながっていきます。その上で、学齢期以降は話し合い活動などでの話し手と聞き手の役割交代や、話の文脈での意味理解など、語用論的な問題が教科をこえて学習面だけではなく日常生活面にも影響が出てくるため、話すことが苦痛にならないよう、丁寧な関わりを幼児期から保障していくことが望まれます。

エピソード 11

読むことが苦手な子

ヨウさんは、日常会話だと喋りすぎるぐらいによく話をするのですが、教科書を読むときには、急に辿々《たどたど》しくなり、文章の読み誤りが多くなります。心配になった担任がどうしたのか聞いて見ると、「よく見えない」と言っていました。養護教諭に相談し、視力検査をしたところ特に問題はなく、原因がわかりません。保護者とメガネの確認をしましたが、それも問題はありませんでした。

さらに読むことだけでなく、書くことも苦手で、平仮名の「ぬ」と「ね」や片仮名の「シ」と「ツ」など、形が似ている文字は書き間違えることが多々あります。

授業に対しては、一生懸命に取り組んでおり、宿題はいつもしっかりやっていることから、決してさぼっているようには思えません。しかしながら、同年齢の子たちと比べると明らかにテストの点数も悪く、担任から見て、努力に見合った点数を取ることができていませんでした。

1 読むことが苦手な背景

子どもは、年中や年長ぐらいになると平仮名などの文字に興味をもち始めて、自分や身の回りの友達の名前などを読めるようになっていきます。だいたい就学時には、濁音や半濁音を含めた平仮名は読めるようになり、幼稚園や保育所でも、言語環境の一つとして教室内に平仮名表を貼っているところもあります。ところが、年長であっても平仮名に興味をもたない子や教えても覚えられない子がいます。では、このような子どもたちには、一体どんなつまずきが考えられるか、読む力の発達的な課題について、はじめに視知覚の問題から考えてみましょう。

「読むこと」が苦手な要因の一つとして、視空間の認知（形や距離など）につまずきがある可能性が考えられます。視空間認知につまずきがあると上下、左右、前後などが混乱して文字が重なって見えたり、文字が正しく認識できなかったりすることがあります。文字を読む際の字や行の読み飛ばしの背景には、適切に単語や文を把握することができず、結果として文章全体の理解が難しくなるものだといえるでしょう。このようなつまずきは、文字の形を見て捉えることの困難さだともいえます。

次に、視覚で捉えた文字や記号を音に変換する過程でつまずくケースがあります。視覚情報を音声情報に変換することをデコーディング（decording）といいますが、このデコーディングがうまくいかないと、文字や記号を見てから音声として変換できず、音を思い出すのに時間がかかることや、単語のまとまりとして捉えることができずに語の意味を理解することが難しくなります。デコーディングのつまずきは、黙読だけではわかりませんが、音読の場面では早く読み飛ばしてしまったり、逐次読みになったりと一見すると話す力のつまずきにも見えるようなケースがあります。その点は、聞く・話す力の問題と重なる部分もあり、読みの困難さに対して「読むこと自体のつまずき」と「意味理解のつまずき」を丁寧に読み解いていく必要が出てきます。

また、ワーキングメモリの問題も加味して理解する必要があるといえるでしょう。ワーキングメモリとは、聴覚的な情報を保持する「音韻ループ」、視覚情報を保持する「視空間スケッチパッド」、長期的な記憶と関連する「エピソードバッファ」の三つのサブシステムと、これらの機能を制御し、情報処理を行う「中央実行系（central executive）」と呼ばれる認知システムの総称で、複数の情報を保持し、頭の中で操作する認知システムのことをいいます。多動性・衝動性や不注意が強い子どもたちの中には、一定数このワーキングメモリが弱い子どもたちが見られます。近年では、エピソード13「期限や約束が守れない子」で詳しく解説しますが、実行機能（executive function）と呼ばれる注意の切り替えや段取りを整える力のつまずきが、様々な学習面や日常生活面で困難さにつながることが指摘されています。

2 読むことが苦手な子の支援

平仮名が読めるようになるのは、だいたい4、5歳ぐらいの言語発達が必要とされます。よって4、5歳レベルの日常会話ができて、同等の語彙《ごい》が獲得できていなければ、発達段階としてまだ課題が高すぎることになります。それに加えて、同時期に発達してくる「音韻意識」の発達が重要なポイントになります。

視覚については、視機能として見るレベル、見たものを認識するレベル、そして「書くこと」にもつながりますが、見たものを運筆などの運動機能に伝えるレベルの三つのステップが考えられます。「読むこと」については、視機能の発達も関連しているため、これらの機能を高めていくアプローチが必要になります。

音韻意識を育てるためには、しりとり遊びや「あ」で始まる言葉などの「○がつく言葉探し」、反対言葉遊びといった、音の抽出やモーラを分解するような取り組みが有効です。デコーディングについては、フラッシュカードのような絵・文字・数字などのカードを素早く提示し、それを読み上げるような取り組みや連続して書かれた言葉にスラッシュを入れて区切るような学習もトレーニングにつながります。ワーキングメモリについては、聞いたものを保存する聴覚的記憶（聴覚的把持力）と見たものを保存する視覚的記憶（作動記憶）では個によって得意不得意に差がありますが、視覚的記憶を育てるには、例えば複数の動物が描かれた2枚のカードを順番に提示し、後のカードではどの動物がいなくなったかを当てるといった、見たものを記憶するようなトレーニングが有効です。

視機能については、見る力の一つに眼球運動が挙げられます。眼球運動は、視線を素早く移す衝動性の眼球運動（saccades）と動くものを目で追う追従性の眼球運動（ocular pursuits）があります。これらの眼球運動については、エピソード4「じっとしているのが難しい子」で触れている前庭感覚が大きく関与しており、眼振（nystagmus）と呼ばれる眼球の不随意的な運動（例えば、ぐるぐる回ったあとに目がきょろきょろと動く）が発生しづらいといった特徴が見られることも少なくありません。また、遠くの物に視線を合わせる動きである開散や近くのものを見るために目を寄せる輻輳といった目の動きも不十分なことが多様にあります。このような、眼球運動の発達につまずきがある場合は、図や表の間違い探し、点つなぎ、迷路遊び、ペグボードなど、ビジョントレーニングが有効です。

「読むこと」と「書くこと」は密接に関連しますが、例えばノートテイクのためには、手元のノートと黒板を何度も往復して見る必要があります。ところが衝動性の眼球運動が弱いと視線の切り替えがスムーズにできず、ワーキングメモリの弱さから、一度に見て書き写せる情報量も少なくなります。また、教科書などの文を読むためには、視線を文に沿ってスムーズに動かす必要があるため、追従性の眼球運動が苦手な場合は、どこを見ているのかわからなくなってしまうということが起こります。

その点を踏まえ、本人の苦手なことを克服することに焦点を当てるだけでなく、得意なことや好きなことからできることを伸ばしていくことが、支援のポイントになります。

急《せ》かされると
焦《あせ》っちゃうの

エピソード12

書くことが苦手な子

　カツさんは、あまり字を書くのが上手ではありません。板書を写すにも時間がかかることが多く、時には追いつかずに消されてしまい、ノートが中途半端になっている箇所も多く見られます。心配になった担任は、本人に何が大変なのか聞いてみると、特に問題はないとのことでした。

　カツさんは、書くことだけでなく、教科書を読むことも苦手で、音読は他の児童の倍の時間がかかります。視力検査では特に問題は指摘されていないことから、視力に問題はないようでした。

　あるときの漢字テストでは、なんとなく似た雰囲気の漢字や偏《へん》と旁《つくり》が入れ替わっているような学習のエラーが多いため、もしかすると何か見え方に問題があるのではないかと気になっていたことから、保護者とも確認をし、専門家に相談をすることになりました。

1　書くことが苦手な背景

書く力には、視覚認知の発達が大きく影響します。視覚認知（visual cognition）とは、視覚的に入力された情報を分析する働きで、視覚的注意、空間知覚、空間認知、形態知覚、形態認知などが含まれます。視覚認知の弱さに関連して、かな文字では、線の交わり・曲がり、線の方向や傾きが正確に捉えられないために「あ・め」などの区別がつかなかったり、「く・や」などの文字でななめ線が反対向きや鏡文字になったりします。漢字では、形態がより複雑になるため、「全体の形の捉え方がいびつになる」「線や点の数に過不足が生じる」「部首の配置が正しく書けない」といった困難が大きくなります。

また、文字が鏡文字（b↔d）になってしまう、偏《へん》と旁《つくり》が反対になってしまうといったことや「キャ」「キュ」といった拗音、小さい「ッ」を含む促音などの間違いが、つまずきのサインとして読み取れます。書けない経験から、失敗を回避するために書かないという二次的な問題に対する心理的な配慮や理解も大切です。さらに、「綴字《ていじ》（文字を表記すること）の困難さ」「母音や子音を付け加えたり、入れ忘れたり、置き換えたりする可能性がある」「書字表出の困難さ」「文章の中で複数の文法や句読点を間違える」「段落のまとめ方が下手」「思考の書字表出に明確さがない」などの間違いが、つまずきのサインとして読み取れます。

書くことには、視覚的なワーキングメモリも大きく関与します。これは、視覚的なワーキングメモリの弱さから、線の突き出る・出ないの誤り、線や点の数の誤り、形態的に似ている漢字への書き間違いなどが起きやすくなるためです。さらに、音韻を思い浮かべて、そこから文字の形を想起（エンコーディング）し、筆記用具を操作して出力する作業のため、視覚―運動協応（visual-motor coordination）の不全が書字に影響する場合があります。

このようなケースは、視覚―運動協応が弱いために筆記用具を思い通りに動かすことができず、文字の形が乱雑になります。そのため、模写や板書などの書き写す作業では時間がかかり、形の正確さも低くなります。その他の要因として、多動性・衝動性が強い場合は、ゆっくり丁寧に文字を書くことを阻害している場合があります。筆順の理解にも影響が出てくることもありますが、周囲が神経質になり過ぎると本人には大きなプレッシャーになってしまうこともあるので、その点は、ある程度余裕をもって受け止めていくことが有用です。

読むことが苦手な背景には、視空間の認知（形や距離など）につまずきがあることを述べましたが、書くことの困難さと重なる要因が多くあります。そこで「文字に興味がない」「ひらがなで書けない文字がある」「カタカナを習得するのが難しい」「漢字をなかなか覚えられない」「漢字を覚えても忘れやすい」「英語の読み書きが苦手」などの気になる子どもの様子に対して、どんなつまずきの理由が考えられるかを、支援方法も含めてもう少し掘り下げてみましょう。

2　書くことが苦手な子の支援

書く力を育てていくためのアプローチとして、読むことの支援と同様に眼球運動をよくするためのビジョントレーニングや点つなぎなどの課題が有効です。また、視覚的なワーキングメモリを育てるには、神経衰弱などの見た物を記憶するような遊びやトレーニングも有効です。

視覚―運動協応の問題がある場合には、特に手指を使った微細運動や目と手の協応動作を育てていくことが有用です。書字におけるペンの握り方は、動的三指握りといって、人差し指と親指でペンをつまむ動作と中指、薬指、小指を握り込む動作を同時に行う必要があります。ところが、子どもの手指の発達段階を無視して無理矢理に持ち方の指導をしても、むしろ間違った握り方の癖をつけてしまうリスクがあります。そこで、手指の発達を促すために、鉄棒や雲梯《うんてい》などのグリップを使った活動が必要になります。これは、チャンバラのような握ったものを使用する活動も同様の効果が期待できるので、持ち方の練習だけをするのではなく、手指の握る力を育てていくことが効果的です。

不器用さについては、協調運動の発達だけでなく、固有受容感覚に関する力のチャンネルを設定することも有用です。「もっと強く」「もう少し弱く」といった感覚的な説明はわかりづらいため、本人の力加減について、例えば1～5段階の力加減表のようなものを作成し、「○○は3の力で……」というように、共通の認識がもてるような配慮が必要です。

多動性・衝動性が強くて書字が雑になっている場合は、課題の量を減らして、丁寧に書こうとすることを称賛していった方が、結果として丁寧に書こうとする行動が発生しやすくなります。課題の量や従事時間などは、学習に対する意欲や成功体験に大きく影響します。よって、闇雲にできるようになるまで書くといった根性論的な指導ではなく、質を優先した学習方法が有効です。また、必要に応じてデジタルカメラなどの支援ツールを活用するといった、本人の努力だけでなく、様々なサポートを効果的に活用していくことがポイントになるといえるでしょう。

ここまで「書く」ということのつまずきについて、主に視覚認知と運動発達の問題からその支援の方向性を述べてきました。しかしながら、書くことについては、必ずしも文字や記号の単語レベルでつまずく子どもたちに限定されるのではなく、文章の構成などで書くことが難しい子どもがいることも念頭に置く必要があるでしょう。このようなケースは、エピソード10「話すことが苦手な子」の言語の発達についての内容を合わせて確認いただくと、より読み書きに求められる発達的な要素の理解が深まると思います。そういった発達的な要因の複雑な連関の中で、筆者が考える最も大切な支援のポイントは、本人が伝えたい、書きたいと思えるように意欲を支えることです。そのためには、伝える楽しさや喜びを本人が感じられることが絶対条件になります。そのため、特に幼児期から学齢期にかけては、「できた・できない」という二極的な捉え方だけでなく、伝える楽しさや便利さを本人が実感できるよう、受容的で肯定的な関わりがとても重要だといえます。

人間の手って
不思議ね

エピソード13

期限や約束が守れない子

マモさんは、いつも期限や約束が守れません。学習面のつまずきもあるために、様々な教科の宿題も毎回忘れたり、期日を過ぎてしまい、提出できずに叱られることが多くあります。

学習そのものには意欲が感じられるので、そのためには何をすべきか話をすると、本人も納得しているので改善を期待するのですが、残念ながら改善は見られず、学習面のつまずきも深刻になってきました。

あまりにも改善がないため、担任も最初はマモさんのやる気があるという言葉を信じていましたが、段々と本人のことを信用することができなくなってしまいました。

マモさんも少しずつそれを感じているようで、徐々に担任との距離も広がり、最近では自分から担任へ話しかけることはほとんどなくなってしまいました。

1 期限や約束が守れない背景

子どもの行動の原理・原則として、メリットによって増えたり、デメリットによって減ったりするということがあります。そこで、期限や約束を守るという行動自体が本人にメリットになっているかという視点は非常に重要です。

実際の現場を見ていると、期限や約束が守られないケースの多くは、それを達成しても子どもたちがメリットを感じていないことがあります。例えば、「授業中は自由に発言しない」という我慢型の約束や「○○ができないと△△ができない」といった、守らないことでペナルティ（＝デメリット）が生じるものがあります。したがって、このような約束が成立しない理由は、約束を守っても本人にはメリットが生じないこと（守ることが当たり前）や守ることで他のデメリットが生じる（他のことを我慢するなど）ことが大きな障壁になります。また固執傾向が強いケースは、本人なりのルールを決めてしまっていることもあるので、そこを汲み取らずにルールなどを一方的に提示しても本人は納得せず、改善どころか関係性を壊してしまう危険性も出てきます。

子どもにとってのメリットをつくるには、行動するための動機づけが必要になってきます。動機づけには、物などの具体物や活動と人からの称賛や承認の二種類があります。園や学校でお菓子などの物理的なご褒美をあげることは難しい場合もあるため、動機づけには後者の心理的な働きかけがポイントになってきます。ここで注意する必要があるのは、称賛などの心理的な働きかけは関係性に大きく影響を受けるという点です。また、指導の注意点としては、罰や禁止などのペナルティを指導に用いると最初のうちは一旦効果があるように感じることがありますが、対症療法にしかなりません。むしろ、ペナルティ自体にも慣れてしまうので、そうなるともっと強いペナルティが必要になってきます。よって、圧をかけて言い聞かせるような指導ではなく、本人の興味・関心やできることに寄り添ったメリットから働きかける必要が出てきます。

2 期限や約束が守れない子の支援

生活習慣に関する約束の場合、本人が守りたい気持ちをもっていたとしても、すぐには改善できず、結果として破ってしまうことがあります。例えば「宿題をやる」という約束の場合、宿題に要する時間を逆算して、取り組む必要があります。ところが、手順や段取りを整えることが苦手な子は、その道筋を立てるところからつまずくために計画と行動が一致しない問題が出てきます。そこで、「約束＝ゴール」だけを提示するのではなく、そこにたどり着くまでのスケジュールが必要になります。スケジュールの活用で注意すべき点は、指導者がやらせたいことばかりを並べた地獄のスケジュールではなく、子どもにとってのゴールやメリットが見えるように見通しを立てることです。その点では、宿題に取り組むことをゴールにするのではなく、宿題を終えた後にもう一つ楽しい活動が用意されているような流れも含めて、生活の中で一連の流れを整えていく必要があります。

このような物事の段取りを組み立てる力には、実行機能という脳機能が大きく関わっています。実行機能とは、「目標に向かって思考や行動を意識的にコントロールする能力」のことで、目標達成の方略やステップを考えるプランニング、必要な情報を頭に留めたり更新したりするワーキングメモリ（作動記憶）、不要な情報に気をとられないようにする注意の抑制、うまく行動できているか評価するプランニングなどの能力で構成されています。この実行機能の弱さが「注意が続かない、計画的に物事を進めにくい」などの困難につながります。

我慢することが苦手な子は、自分への語りかけ（内言語）が乏しかったり、自分を客観的に見る力（メタ認知）の弱さからセルフコントロールにつまずくため、我慢を促すのではなく、スケジュールの活用も含めてどう行動調整をしていくかを言語化し、本人が受け入れていくプロセスをサポートする必要があります。特に報酬系のつまずきがある場合には、目の前の刺激や報酬が強く働いてしまうため、約束を果たすことに対するメリットの設定が大きなポイントになります。

報酬系とは、「出来事に対して快を感じる脳のシステム」のことをいいます。この機能が弱いと諦めるのが早く、粘り強く取り組む力が弱くなります。一方で、新しいことや楽なことに流されやすいといったことが出てきます。例えば途中で別なことに気が向いてしまうようなケースは、報酬の遅れに耐えられないため、後の大きな報酬より目前の小さな報酬を選びがちになります。このようなケースは長期的な目標を達成することが難しく、ちょっとした生活環境の変化や友人からの誘いなどによって気持ちの変化が起こりやすく、時に周囲からは、わがままで飽きっぽいと誤解を受けることがあります。また、報酬系につまずきがある子は時間処理も弱い傾向があり、時間配分や段取りの悪さ、計画性の甘さなどの困難が出てきます。さらに気持ちのコントロールにも弱さがある場合は、自分の感情を理解しにくく、欲求不満がたまる状況で過剰な反応を示しやすいという課題が表出することがあります。したがって、失敗体験の繰り返しからやる気や自信を喪失させないよう、達成できる約束（やルール）が支援のカギといえるでしょう。

巡回相談などで園や学校の先生方のお話しを伺っている中で、「好きなことしかやらないので、どうしたらよいか」という相談をいただくことがあります。「好きなことは頑張れる子」を動機づけの視点から分析すると、人の行動の原理・原則として、やりたいことやできることは頻度が増加したり、継続していきます。この行動を強化する因子のことを「強化子」と呼びますが、筆者は子どもの約束などのやりとりの中で、何が強化子となるのかを見極めていくことが最大のポイントだと考えています。

ここで注意すべき点は、課題を設定することや約束すること自体が保育や指導の目的になってしまい、結果としてできない約束や課題を設定してしまうことです。この点は、子どもの発達の問題というよりも、指導者自身が自己を振り返る省察（リフレクション）の力の影響が大きいといえるでしょう。この省察の力を高めていくためには、子どもに共感的な姿勢をとるだけでなく、指導者側の「メタ認知」が重要になります。

ぼくだって
好きなことなら
がんばれるよ！

エピソード14

友達とのトラブルが多い子

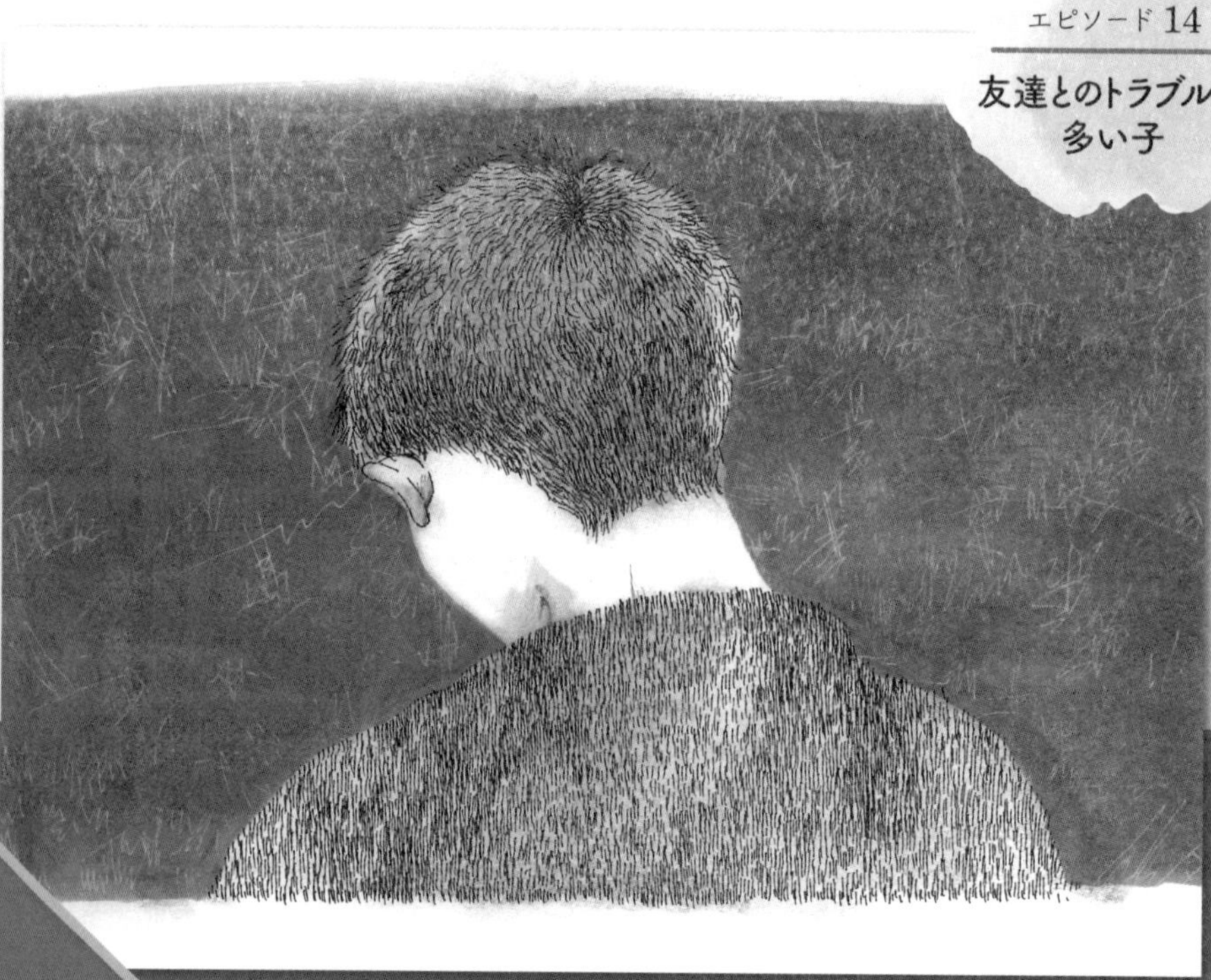

トモさんは、友達とのトラブルが多く、注意を受けたことに対しても反抗的な態度をとることがあります。そのような理由から、指導が難しい児童として、よく会議の話題にも取り上げられていました。

ある日、友達とのトラブルから手を出してしまったため、保護者も交えて面談を行い、絶対に手を出さない約束と反省文を書かせました。反省文には、これまでの自分の行為に対する謝罪の言葉や今後の具体的な目標が書かれていたので、担任はこれなら大丈夫だと安心しました。

ところが、1か月後にまた別な友達と口論になり、手を出そうとするのを周りの友達に止められるトラブルがありました。話を聞くと、本人なりに反省はしているようですが、それ以後は集団から孤立するようになり、担任に対しても声をかければ「はい」と返事はしますが、自分から何かを話すことや相談することはなくなってしまいました。

1 友達とのトラブルが多い背景

自分の気持ちを落ち着け、自己を統制するには、内言語（自分へ語りかける力）の育ちが必要になってきますが、この語りかけの力が弱いと論理的な解決ではなく、暴力などの直接的で原始的な解決方法を選択しやすくなります。よって、このようなトラブルは我慢の問題とされがちですが、まずは自分の気持ちを落ち着けるための言葉を育てる必要が出てきます。また、自分の感情を理解するためにも言語の育ちが必要になりますが、内言語が育っていない場合は、本人が自分のイライラやモヤモヤを理解することが難しくなるため、暴力的な行動や登校しぶりといった回避的な行動につながっていくことがあります。内言語の発達は、癇癪《かんしゃく》などの暴力的な行動に出てしまうケースも同様で、ひたすら我慢させてもあまり効果はなく、むしろストレス反応として不適応が生じる危険性があります。そこで怒りや悲しみといった情動を言語化し、自分の気持ちを理解するところが支援のスタート地点になります。

次に、内言語が育っていても他者へ助けを求めるスキルが身についていないケースが考えられます。適切に支援を求めることができるようになるためには、小さい頃から他者に助けられてきた経験が重要になりますが、成育歴の中で大人との関係性や信頼関係を構築する過程につまずきがある場合は、適切な場面で助けを求めることができず、問題が長期化したり、複雑化したりしやすくなります。

対人的なスキルは、一見すると従順に見えるケースも「黙従《もくじゅう》反応」といって、叱責などを回避するために「はい」と返事をすることがあります。このようなケースは、対人的なトラブルとして他者と衝突することは少ないですが、本人の中でストレスをため込んでしまい、結果として心理的な面で二次的な問題が生じることもあります。多動性や衝動性などと比べると、指導や指示に対して従順な反応から見落とされがちですが、負荷がかかり過ぎないよう関わり方に配慮するとともに、自分の気持ちや考えを表出させ、他者に受け入れられるような経験を積み上げていくことも重要なポイントになります。

友達とのトラブルが多い子の中には、言語で適切に自分のニーズや気持ちを伝えることができず、結果として言葉より先に手が出てしまう子がいます。このような子どもたちの発達的な要因を掘り下げていくと、例えば触覚が育っていないために情緒が安定しづらく、過敏などに対する防衛反応が生じているケースがあります（エピソード2「触られることを嫌がる子」参照）。さらに、癇癪《かんしゃく》などについては情緒の発達も大きく関係してくるので、固有受容感覚の発達（エピソード3「力加減が難しい子」参照）や覚醒水準の低下（エピソード4「じっとしているのが難しい子」参照）などの問題も関係してきます。その点では、学齢期になって顕在化してくる発達的な要素として、幼児期の積み上げが大きなポイントであることを忘れてはいけません。エピソード3「力加減が難しい子」でも触れていますが、乳幼児期の感覚統合の発達の問題は、学齢期の学習や日常生活にも大きな影響を与えるのです。

2 友達とのトラブルが多い子の支援

対人的なトラブルに対しては、時に「厳しく注意する」「二度としないように約束をする」「暴力は犯罪だと教える」「相手の気持ちを考えさせる」「保護者を呼び、家庭でもきつく注意してもらう」といった道徳的な規範を前提とした指導が用いられることがありますが、背景にある本人のスキルの未熟さを考慮していないと、結果として改善せずに繰り返すことが多々あります。

自分自身の力で解決できない場面で相手に助けを求める力を「援助要求スキル」といいますが、この援助要求スキルは実際に使わないとなかなか育っていきません。よって、ロールプレイなどで練習する必要が出てきます。社会性の学習として、「どうぞ」「ありがとう」といった役割の練習を機械的に行っている学習場面を目にすることがありますが、実際の生活場面とつながらないロールプレイを練習をしても、社会的スキルとしては定着しづらいという問題があります。また、ソーシャルスキルトレーニングとして、絵カードなどを見て友達の気持ちを考えるといった課題に取り組むような学習がありますが、客観的に自分の気持ちや考えを振り返る力が育っていないと、心情に対する理解や共感は難しいという点も注意が必要です。対人関係のトラブルは、暴力的な解決や集団参加の拒否などから不登校へ移行していくことが想定されますが、できるだけ早い段階からつまずきのサインを見つけ、積極的に介入していくことが有用です。

固執傾向が強いケースは、ルールの解釈にずれが生じた場合、指導者側からすると屁理屈に感じることがあります。このようなケースは、認知の特性の違いから本人なりに独特の解釈をしていることが背景にあるため、心理的事実（本人がどう感じているか）と客観的事実（何が起きているか）を確認しながら、落としどころを探していく必要が出てきます。規範的なルールを強制的に提示しても本人は納得せずに消化不良を起こすリスクや元々固執傾向が強い場合、「こうあるべきだ」というトップダウンの指導は、本人にとっては理不尽な指導として後々まで引きずることがあります。ゆえに、エピソード16で詳しく解説しますが、「その子に何を教えたか」という指導者が主体の意図的教育観ではなく、「その子がどう理解したか」という子どもを主体とした成功的教育観に基づく指導が求められます。

次に本人の特性に応じて、指導の折り合いが必要です。例えば、一方的に子どもへ落としどころを求めることで問題がこじれてしまうようなケースは、指導する側の指導の落としどころにも視点を置く必要があります。学校場面などで指導者側が折り合いをつけられない多くの理由の一つに「この子だけ特別扱いするわけにはいかない」といった相談をいただくことがありますが、こういったケースの中には事前に一定の基準を示していないことも多く、安心や安全に関わる点で「最低限これだけは譲れない」という基準を示した後は、ケースバイケースで柔軟に対応していく対応力が求められます。また、指導の基準についても求める水準が高過ぎればルールでがんじがらめにしてしまうことがあるため、クラスや本人の特性を踏まえながら適切な基準を設ける必要があります。ダメなことを指導することは大事なことですが、頭ごなしに強く指導をしても反発心をあおるだけで、響くことはありません。

エピソード 15

学習に意欲がもてない子

担任は、シュウさんがなかなか学習に対してやる気を見せてくれないことについて、どう指導したらよいかを悩んでいました。これまでの指導の経験から、このままだと中学校へ進学しても色々と本人が困ると思い、将来のために何が必要か、そのために今、何をすべきかを個別指導の度に一生懸命伝え、次の学習の目標を設定していました。

保護者も協力的で、新しい目標に対して家庭でも本人が積極的に取り組むように後押しをしてくれています。学習行動につながらないのは、本人なりの思いや理由はあるようでしたが、甘えや言い訳と思えるような発言が多いため、それらについては意識を変えて頑張るよう、時間と労力をかけて丁寧に励ましていました。しかしながら、期待するような変化は見られませんでした。

1 学習に意欲がもてない背景

学習の目標がもてない、意欲がないなどの状態は、時に学業不振といった形で成績不良や、欠席が多くなるといった不適応として顕在化します。このような子に対しては、励ましたり、新しい目標を一緒に考えたりしてもなかなか長続きせず、回復の原理といって一時的には改善されたように見えても時間が経つと元に戻ってしまうことがあります。

学習に対する目標や意欲がもてない多くのケースが、学ぶことに対しての失敗体験から諦めなどのネガティブな感情を抱いている傾向が多く見られます。これは、何度やってもうまくいかない経験が積み重なると「学習性無力感」といって「自分はどうせやっても意味がない」という負の感情が強くなり、結果として「やらない選択」をすることで失敗を回避する傾向が強くなるためです。こうなってしまうと、叱咤激励をしても本人にとっては負担にしかならず、黙従反応としてその場をおさめるために眼前の指導を受け入れる態度を示しますが、場当たり的で次の行動へはつながりません。よって「やらない」のではなく、これまでの負の学習経験から「取り組むエネルギーがなくなっている」という共感的な理解が必要になります。

エネルギーがなくなっている子との関わりの中では指導方法や教材の見直しも大切ですが、生活の中でどういった成功体験があるかを分析する必要があります。注意すべき点として、他者に認められる経験が少ないと自分は有能であるという有能感が低下していきます。このような状態が長く続くと「仮想的有能感」といって他者と比較することで仮想的に「できる自分」を保とうとする防衛的な心理面の反応が出てきます。これは、有能感というよりも、優越感に近いものがあります。

本人が学習に対する目標や理由を見出せなくなっているケースも、「学習性無力感」が強く背景にあることがあります。また、指導者側の見通しから「将来は○○が必要になる」という指導をしても、実際に経験のないことに対して具体的なイメージをもつことは非常に難しく、実感が伴わないことが多々あります。指導者が困っていても、本人が困っていないと指導者の言葉はなかなか響かないものです。

目標に向かって進むためには、そのために何が必要か筋道を立てて、見通しをもつことが大切になりますが、この見通しを立てる力が弱い場合も、結果としてゴールまではたどり着けず、リタイアすることにつながりやすくなります。「読み」「書き」などの特定の学習に関わる領域や知的な発達水準全般につまずきがある場合も、成功体験の少なさや失敗から二次的な問題として学習に対する拒否が強くなることや、楽しさを感じられなくなってしまう可能性が出てきます。

よって、本人の努力不足や怠惰の問題として無理矢理に頑張らせようとしても、余計に失敗をして負の体験が積みあがってしまう危険性があるため、本人を変えるのではなく、本人がわかりやすい実態に即した指導方法を工夫することで、スモールステップによる成功体験を保障するとともに、気持ちが切れてしまったものを立て直すよりも予防的な介入が効果的です。

2 学習に意欲がもてない子の支援

はじめに、そのような状態がいつから始まっているか、学習歴や成育歴からその子の歴史を知ることが必要です。進級直後は、大きな問題にならなくても、1学期が終わる頃には、問題が顕在化するケースがありますが、進級後にこのような問題が生じているのか、以前から同じ問題が繰り返されているかによって対応も違ってきます。これは、学習の失敗からくる心理的な問題なのか、起立性調整障害や過敏性大腸炎など、朝の登校に影響があるような疾患の問題なのか、適切な情報収集が支援のための糸口につながっていきます。

学習の成功体験を積み上げるには、本人のできることを明確にし、様々な場面で成功体験を意図的に設定していく必要が出てきます。その際、集団の中での役割活動など、他者との関係性に影響を受けるものではなく、あくまでも個人のチャレンジとして具体的で達成可能な課題の方が取り組みやすいでしょう。その際、失敗させない環境づくりが有効です。

次に説得ではなく、具体的な道筋を整理する必要があります。自分で目標を設定し努力していく態度は、義務教育段階で身につけたい力ではありますが、指導者の思いからトップダウンするのではなく、確実に達成できる短期目標を設定し、長期目標を達成するためのプロセスをボトムアップの視点から、本人にも見通しがもてるように可視化していきます。

子どもを強引に変えようとすると、強い圧力が必要になります。強い指導は、段々に慣れてしまうので、それがダメな場合はもっと強い指導が必要になっていきます。小さい声で伝わらないから大きな声になる、大きな声で伝わらないから、近づいてさらに大きな声を出す、近づいても反応がなければ直接触れる、というように指導者側の行動もエスカレートしていきます。「注意すればやる子」というのは、「注意をしないとできない子」になっていきます。ここで大切なのは、「注意をしなくても頑張れる子」ではないでしょうか。強い指導を受けていることに慣れると、相手によって態度が変わるようになっていきます。強く出る人の前では大人しくなり、穏やかな教師に対しては指示が入らなくなります。

「指導する側」と「指導される側」という上下関係に加え、「大人」と「子ども」という縦の関係が強くなっていくと、結果としてちょっとした指導者の気のゆるみが「お前」といった小さな言葉に現れてきます。J・J・ルソーは著書『エミール』の中で、子どもという存在を人間の発達過程における大人の不完全な状態として捉えるのではなく、子どもというものは大人とは違った存在であることを認め、子どもがもつ独自の世界観を受け止めることの大切さを指摘しています。後の教育や保育に大きな影響を与えたその考え方は、様々な議論の中で賛否はありますが、子どもの存在を慈しみ、尊いものとして温かいまなざしを向けることに間違いはないと考えています。

自分がやられて嫌だと思うことは、子どもたちが指導者にやられても嫌なことです。一つの基準として、「保護者が見ていても変わらない指導」という視点から、言語環境も含めた関わり方を見直すことで、もしかしたら今までは距離をとっていた生徒も、心を開いてくれるかもしれません。

ちょっと
向こうまで
泳いでみませんか

エピソード16

信頼関係が崩れてしまった子

シンさんは、正義感が強く、はっきりと自己主張をしてきます。一方で、柔軟性に欠けることもあり、過去には、前の担任と口論になって、しばらく不登校になった時期がありました。現在の担任も、シンさんのリーダーシップを高く評価してはいましたが、対人的な柔軟さや過去の不登校の経験が気になっていました。

ある日、授業中に他の教員と口論になったとの報告がありました。原因は、机上のペンケースを机の中にしまうように注意された際、「担任が授業中は出してもいいと言っている」と主張したようで、本人としては教員によってルールが違うことはおかしいと、強く批判し、自分の行為に対して全く非を認めようとしませんでした。

担任は、教員に対する言葉遣いや態度について指導をしましたが、本人は納得せず、次の日から登校しなくなってしまいました。

1 信頼関係が崩れてしまう背景

信頼関係が崩れてしまった後にどうするかという問題は、関係性を修復するのではなく、関係性を壊さない関わり方や指導を前提に考えていく必要があります。

信頼関係が崩れる関わり方とは、「頭ごなしに叱る」「力で押さえつける」などの強い指導、「やって当たり前」「やればできるじゃん」という上からの関係性を強調する指導「人や場面によって、基準がぶれる」「子どもを信用しない」というような不信感を生じさせる指導、「一方的に指導者側の思いを伝える」「指導者ができていないことを求める」といった理不尽さを強く感じさせる指導などが該当します。

また、このような指導は指導者が気づかず無意識でやっていることがあるため、どこでそのような場面があったのか振り返りが難しいことがあります。子どもたちは、大人をよく見ていて、態度や関わり方について指導者がもっている「空気感（＝立ち振る舞いや佇《たたず》まい）」を評価し、真似をします。例えば、大声の強い指導は、その場に緊張感を走らせ、強い風を吹かせます。この風は子どもたちの動きを固まらせるだけでなく、思考も固まらせます。その結果、相手の顔色を伺うようになり、主体性も失われていきます。敏感な子はパニックを起こすこともありますし、心理的な負荷になり、登校しぶりなどにもつながります。

「叱る」という行為は、教育や保育に必要かという議論があります。この議論に対して筆者は、生活場面の中で安全に関わるような重大なことは、毅然とした態度で注意を促し、具体的にどのような行動が求められるかを丁寧に教えていく必要があると考えています。しかしながら、叱るという行為だけが切り取られ、叱ること自体が指導の主たる目的になってしまうことには違和感があります。

指導に対する評価の視点には、「意図的教育観」と「成功的教育観」の二つの教育観があります。意図的教育観とは、指導者側が何を教えたかということに重きを置く教育観で、これは教えるという行為よりも告げるという側面が強く含まれます。一方で、成功的教育観とは学習者が何を学んだかということに重きを置く教育観で、意図的教育観の主体が指導者であることに対して、成功的教育観の主体は学習者である子どもになります。この教育観の違いが、指導の結果に対して、「先生は言ったはずです」といった学習のエラーの責任を子どもに転嫁するような学習成果に寄り添えない関わり方と、「この子が学ぶためにはどう教えていけばよいか」という、指導の振り返りに差が出てくるのです。その結果、子どもの成長よりも指導者の行為としての「叱る」という行動が誤って強化され、成果の見えない焦りの中で、その行為に依存してしまう弊害が発生するのではないでしょうか。

最近では、学校教育の中の行き過ぎた指導として「教室マルトリートメント」という言葉が話題になっています。マルトリートメントとは、「不適切な養育」のことを意味しますが、子どもを批判し、注意を促すだけでは、子どもの成長は望めません。その子の学び方に寄り添った指導が、子どもの学びに対する成功体験を保障し、ひいては信頼関係を構築していきます。

2 信頼関係を築くための支援

原則として、信頼関係が崩れてしまった場合は、基本的には対応する人が変わることを想定する必要があるため、信頼関係を崩さないことを前提とした支援が望まれます。

園や学校では、集団の中でその子を育てていくことが求められますが、その子の特性と集団との摩擦の中で現在の問題が生じているという共感的な理解に加え、指導方法や教材だけでなく、「その子の学び方」に合わせた指導が求められます。その際、できないところではなく、できるところへ目を向ける子どもに対するまなざしの切り替えが重要です。どうしてもできないところへ目が向きがちな子も、注意されるようなことをしていない場面を当たり前ではなく、肯定的に捉えていくことがポイントです。もし、「〇〇がダメ」と失敗ばかりが気になる子がいたら、ほんのささいなことでもよいので「〇〇が素晴らしい」と良い所を探してください。子どもへのまなざしを変えることを「リフレーミング」といいます。例えば、「飽きっぽい」という短所は、「切り替えが早い」という長所と捉えることができます。そうやってポジティブな視点に切り替えることで、子どもを監視するまなざしが、成長を見守る温かいまなざしに変化していきます。

次に、伝え方として「してほしいことを具体的に伝える」ことが有用です。「〇〇しない」という目標や指示は、マイナスをゼロにするだけなので、達成しても当たり前になってしまうことが多くなります。そこで、目標や指示は必ず「○○する」と具体的かつ第三者でも○か×ではっきり評価できるものが望ましいといえます。また、子どもとの関係性においては、縦の関係だけでなく、横の関係も意識していく必要があります。「褒める」ということはとても大切ですが、これは縦の関係になりがちです。子どもに限らず人は正論よりも関係性に納得や共感をする傾向があるため、信頼関係が崩れている指導者の言葉は、残念ながら届かなくなってしまいます。

子どもに求めることは、自分も実践していることが大前提になります。だからこそ、それを伝えたときに響くわけで、自分がやっていないことを求めても、説得力は出ません。また、安全やルール違反など、これだけは譲れないという指導の基準は事前に提示しておく必要があります。言わなくてもわかるは、じゃんけんの後出しのようなものなので、もし、事前に提示していないルール違反などがあった際に一方的な指導を行うと、信頼関係が崩れるので注意が必要です。その点では、北風よりも太陽の方が効果的です。学習のエラーに対しては最低限のルールを確認するに留め、叱るよりは励まして本人の気持ちを支えつつ、リカバリの機会を設定することが、自律性を高めていきます。

「三つ子の魂百まで」という言葉があります。その子が成長していく過程で大人を安心して信頼し、心を開くことができるようになるためには、無条件に受け止めてもらう経験が重要です。子どもは、私たちの関わり方を映す鏡のような存在であるといえるのかもしれません。ゆえに、様々な発達のつまずきに寄り添っていくことが、その子との関係性を築いていきます。

おわりに

　私が発達臨床の現場に関わらせていただくようになり、約20年が経ちました。当時の養護学校（現在の特別支援学校）の教員から始まり、最近では乳幼児から成人の方まで、本当にたくさんの出会いがあります。この間、実践家として『子どもにとっての最善は何か？』という心構えと自己への問いをずっと大切にしてきましたが、それは綺麗事ばかりではなく、振り返れば数え切れない失敗を繰り返してきました。「もっと知識があれば」「高い専門性があれば」と過去の自分の実践を悔いることは、山ほどあります。また、進級や進学などで実践の失敗を取り返すことができない厳しさや難しさも痛いほど経験してきました。そこで学んだことは、後悔や悔しさだけでは、子どもは伸ばせないし、様子を見るだけでは成長を期待することは難しいという現実でした。本当に必要なのは、程のいい言葉や言い訳ではなく、その子に合った支援や働きかけです。

　発達臨床の師匠で、感覚と運動の高次化理論を学ばせていただいた作業療法士の木村順先生からは、「実践を自分の言葉で語りなさい」というご指導をいただきました。また、大学院時代の恩師である筑波大学の澤江幸則先生からは、実践や研究に対して誠実であることに加えて、「子どもから学びなさい」と教えていただきました。大き過ぎる背中は、手が届く距離には至りませんが、ずっと追い続けている存在です。いつの日か、自分も誰かのそのような存在になれたらと、感謝と憧れは止まりません。しかしながら、私の実践は、まだまだ誰かに胸を張って語れるようなものでないことは、痛いほどに自覚しています。それでも拙いなりに試行錯誤してきた経験は、もしかしたら同じように日々の発達臨床の中でもがき、苦しんでいる読者の一助になるかもしれません。そこで、私自身が実践の中で子どもたちから学んできた一つひとつの事象を振り返り、言葉を選びながら丁寧に紡ぐ作業から本書ははじまりました。

本書には、16のエピソードと1話の読み切り漫画から、合計17人の「気になる子」が登場します。この子たちには、発達のつまずきがありますが、劣っているわけではありまん。誰かと比べるのではなく、その子が何でつまずいて、どこで困っているのかその子の発達と正対したときに、支援の道筋が見えてきます。その際、つまずいたときに心がこぼれてしまったら、優しくそれを拾い上げてあげることに特別支援教育の真価があるものだと考えています。それは、一人ひとりに応じた教育・保育だからこそできることであり、特別なことをしたり、特別扱いしたりすることではありません。一番苦しいのはつまずいている本人とその保護者です。そのことを念頭に、その子と家庭にとっての最善は何かという試行錯誤の中で見えてくる正解があると思います。

夢を見ることや語ることは何も恥ずかしいことではありません。だからこそ、未来の姿を想像し、その夢をかなえるために何が必要で、何をすべきかを提案できてこそ、対人援助職としての専門性だといえるのではないでしょうか。子どもに関わっているから専門家なのではなく、専門家として子どもに関わることに本質があると考えています。しかしながら、こうやって言葉にすることは簡単なのですが、まだまだ実践家としての頂上は見える気配がありません。だからこそ、他者をねたまず、ひがまず、うらやまず、発達臨床という日常をこれからも大切に、インクルーシブな社会の実現へ向けて、支援の輪が広がっていくよう努めていきたいと思います。

最後になりますが、本書の刊行にあたって企画の段階から色々と相談にのっていただき、素晴らしいイラストと読み切り漫画をご執筆いただいたイトウハジメ先生なくしては、本書の完成はありませんでした。同じ教育者として信頼できるパートナーであるとともに、絵がもつ意味を教育的な価値と結びつけられる本物の美術の先生に、深い感謝を申し上げます。また、インタビューにご協力いただいたりっきー様、細かい構成やレイアウト、スケジュールなど、数え切れないほどのご迷惑をおかけしたにも関わらず、ずっと温かい言葉で励まし、応援してくださった学苑社の杉本哲也様とスタッフの皆様、そして、これまで出会った子どもたちと保護者の皆様へも御礼を申し上げます。ありがとうございました。

綿引　清勝

文献

American Psychiatric Association. Diagnostic and statistical manual of mental disorders. Fifth Edition: DSM-5. Washington, D. C.: American Psychiatric Association. 2013（日本精神神経医学会 日本語版用語監修　高橋三郎・大野裕監修　染谷俊之・神庭重信・尾崎紀夫・三村將・村井俊哉訳『DSM-5 精神疾患の診断・統計マニュアル』医学書院，2014 年）

エアーズ，A. J. 著　岩永竜一郎監訳　古賀祥子訳『子どもの隠れたつまずきを理解する　感覚統合の発達と支援』金子書房，2020 年

ホール，K. 著　野坂悦子訳『ぼくのアスペルガー症候群　もっと知ってよ ぼくらのことを』東京書籍，2001 年

一般財団法人特別支援教育士資格認定協会編　竹田契一・上野一彦・花熊曉監修『特別支援教育の理論と実践［第 3 版］Ⅱ 指導 (S.E.N.S 養成セミナー)』金剛出版，2018 年

川上康則著『教室マルトリートメント』東洋館出版社，2022 年

木村順著　小黒早苗協力『保育者が知っておきたい 発達が気になる子の感覚統合』GAKKEN，2014 年

厚生労働省「保育所保育指針解説」，2018 年
https://www.mhlw.go.jp/file/06-Seisakujouhou-11900000-Koyoukintoujidoukateikyoku/0000202211.pdf，2022 年 11 月 10 日閲覧

ルソー，J. J. 著　今野一雄訳『エミール（上・中・下)』岩波書店，1962 年

立松英子編著　齋藤厚子著『子どもの心の世界がみえる 太田ステージを通した発達支援の展開』学苑社，2021 年

徳田克己監修　西館有沙・澤江幸則編著『気になる子の保育のための運動あそび・感覚あそび―その具体的な指導法』チャイルド本社，2013 年

宇佐川浩著『障害児の発達臨床Ⅰ 感覚と運動の高次化からみた子ども理解』学苑社，2007 年

宇佐川浩著『障害児の発達臨床Ⅱ 感覚と運動の高次化による発達臨床の実際』学苑社，2007 年

著者紹介

著者

綿引　清勝（わたひき　きよかつ）／**東海大学児童教育学部特任講師**

筑波大学大学院人間総合科学研究科博士前期課程体育学専攻修了（体育学）。

公認心理師・臨床発達心理士・特別支援教育士。

第21回「がんばれ先生！東京新聞教育賞」（主催：東京新聞社）、第５回「日本自閉症スペクトラム学会実践研究賞」（主催：日本自閉症スペクトラム学会）受賞。東京都立特別支援学校主幹教諭、小田原短期大学保育学科（通信教育課程）専任講師等を経て、2023年４月より現職。

専門は、特別支援教育、アダプテッド・スポーツ科学。

【Instagram】@kwatahiki1207

【著書】『学校や家庭でできる！　SST＆運動プログラムトレーニングブック』（共編者／学苑社）、『気になる子のインクルーシブ教育・保育』（共編／中央法規出版）、『通常学級で活かす特別支援教育概論』（分担執筆／ナカニシヤ出版）、『はじめて学ぶ知的障害児の理解と指導』（分担執筆／大学図書出版）、『みんなで考える特別支援教育』（分担執筆／北樹出版）など。

絵＆読み切り漫画

イトウ　ハジメ／**専任講師**

大学で専任講師として教壇に立ち、学生たちに美術を教えながら自身も研究に励む日々を送っている。また、日常の１コマを切り取ったイラストをインスタグラムに投稿し、人気を集める。姪っ子たちを溺愛中。

【Instagram】@itototoon

【著書】『美術学生イトウの青春』『美術学生イトウの微熱』『美術学生イトウの足跡』『ぼくと小さな怪獣』『ぼくとフキゲンな怪獣と』（イースト・プレス）、『イトウ先生、授業の時間です。』『放課後のオレンジ』（KADOKAWA）、『イトウ先生の世界一わかりやすい美術の授業』（光文社）、『美術の進路相談』（ポプラ社）など。

協力

りっきー／**プラスモンテ® 主宰**

大阪生まれ。神戸大学国際文化学部卒業。２人の男の子の子育て中。モンテッソーリ幼児教室講師、保育士。日本モンテッソーリ教育綜合研究所２歳半〜６歳コース教師資格所有。長男の発達で悩み、自宅での取り組みを模索する中で「モンテッソーリ教育」と「感覚統合」に出会う。自身の子育てで悩んだ経験から、子ども・保護者・支援者の３者をつなぐ役割をしたいと考え、会社員から転身。現在は、モンテッソーリ教室の講師の傍ら、オンライン研修講師、出張研修、SNSでの発信などを行っている。

【Instagram】@ouchi_monte_ryoiku

【著書】『感覚統合の視点で「できた！」が増える！発達が気になる子のためのおうちモンテッソーリ』（日本能率協会マネジメントセンター）。

レイアウト　　石田美聡（丸井工文社）
装丁　　有泉武己

こんな理由があったんだ！
「気になる子」の理解からはじめる
発達臨床サポートブック

2023年 2 月10日　初版第 1 刷発行
2023年12月10日　初版第 2 刷発行

著　　者　綿引　清勝
絵　　　　イトウ　ハジメ
発 行 者　杉本　哲也
発 行 所　株式会社学苑社
東京都千代田区富士見 2 － 10 － 2
電話　03（3263）3817
Fax　03（3263）2410
振替　00100 － 7 － 177379
印刷・製本　株式会社丸井工文社

検印省略

乱丁落丁はお取り替えいたします。
定価はカバーに表示してあります。

ISBN978-4-7614-0840-4　C3037